Astrologie

PRATIQUE

Yasmin Boland

Astrologie

PRATIQUE

Le guide pour interpréter votre thème astral

LE COURRIER DU LIVRE
27, rue des Grands-Augustins
75006 Paris

Titre original : *Astrology Made Easy – A Guide to Understanding Your Birth Chart*

Publié pour la première fois en anglais par Hay House Inc.

Traduit de l'anglais par Isabelle Boski.

ISBN : 978-2-7029-2053-4

Illustrations : p. 6 Shutterstock/ORLA ; toutes les autres illustrations ont été gracieusement fournies par l'auteure.

www.editions-tredaniel.com

info@guytredaniel.fr

www.facebook.com/editions.tredaniel
@tredaniel_eso

Je dédie ce livre à mon camarade
astrologue, le très regretté Jonathan
Cainer, un grand et merveilleux ami.

Sommaire

Préface 15

Quelques mots sur ce livre 19

PARTIE I : LES BASES DE L'ASTROLOGIE

Chapitre 1 : Qu'est-ce que l'astrologie ? 23

Les origines de l'astrologie 24

Le zodiaque 25

Comment fonctionne l'astrologie ? 26

Les branches de l'astrologie 27

Le thème astral, ou horoscope 28

Chapitre 2 : Le thème astral – la carte de votre vie 31

Générer son thème astral 31

Se familiariser avec son thème astral 35

Identifier les signes du zodiaque dans le thème 36

Identifier les planètes dans le thème 39

Identifier les planètes dans les signes 42

Identifier les maisons dans le thème 44

Identifier le signe des maisons 45

L'ascendant 46

Chapitre 3 : Comprendre les signes du zodiaque **49**
Les éléments (le feu, la terre, l'air et l'eau) 50
Les signes de feu, de terre, d'air et d'eau 50
Les éléments dans votre thème 54
Les qualités (cardinal, fixe et mutable) 56
Les signes cardinaux, fixes et mutables 57
Les qualités dans votre thème 58
Les polarités (yang/yin) 60
Les polarités dans votre thème 60

Chapitre 4 : À la découverte des planètes **65**
Les planètes internes et externes 65
Les planètes générationnelles 67
La signification des planètes 68
Le Soleil 69
La Lune 71
Mercure 73
Vénus 74
Mars 76
Jupiter 78
Saturne 80
Uranus 83
Neptune 85
Pluton 86
Le côté positif et négatif des planètes 88

Chapitre 5 : Explorer les signes du zodiaque **93**
Les planètes qui dominent les signes 94
La signification des signes 95
Bélier 96
Taureau 97

Gémeaux 99
Cancer 100
Lion 101
Vierge 103
Balance 104
Scorpion 105
Sagittaire 107
Capricorne 108
Verseau 109
Poissons 111

Chapitre 6 : Les angles **115**
L'ascendant 116
L'ascendant dans les signes 117
Le descendant (la ligne d'amour) 120
Le descendant dans les signes 121
Le Milieu du Ciel (MC, la ligne de la carrière professionnelle) 123
Le Milieu du Ciel dans les signes 123
L'*Imum Coeli*, ou Fond du Ciel (FC, la ligne du foyer) 125
Le Fond du Ciel dans les signes 125

Chapitre 7 : Les maisons **129**
Les différentes façons de regarder un thème 130
Les maisons angulaires, succédentes et cadentes 133
Les cuspides 134
La signification des maisons 136
Maison 1 137
Maison 2 138
Maison 3 138
Maison 4 139

Maison 5 140
Maison 6 140
Maison 7 141
Maison 8 141
Maison 9 142
Maison 10 143
Maison 11 143
Maison 12 144
Les signes qui dominent vos maisons 145
Bélier ou ascendant Bélier 145
Taureau ou ascendant Taureau 146
Gémeaux ou ascendant Gémeaux 147
Cancer ou ascendant Cancer 148
Lion ou ascendant Lion 149
Vierge ou ascendant Vierge 150
Balance ou ascendant Balance 151
Scorpion orou ascendant Scorpion 152
Sagittaire ou ascendant Sagittaire 153
Capricorne ou ascendant Capricorne 153
Verseau ou ascendant Verseau 154
Poissons ou ascendant Poissons 155

PARTIE II : POUR ALLER PLUS LOIN
Chapitre 8 : Les degrés, les aspects et les orbes 161
Identifier les degrés dans un thème 161
Les aspects (ou angles) planétaires 164
Les conjonctions, les sextiles, les carrés, les trigones et les oppositions 165
La condition des planètes 169
Interpréter les aspects 170

Chapitre 9 : Les aspects composés et les dessins planétaires **175**
Les principaux aspects composés 175
Le carré en T 175
Le grand trigone 176
Le Yod 178
Le grand rectangle, ou rectangle mystique 179
Le cerf-volant 180
Les principaux dessins planétaires 181
La balançoire 181
Le trépied/l'éventail 182
La locomotive 182
Le seau 183
La grappe/le coin 184
L'éclaboussure 184

Chapitre 10 : Les planètes rétrogrades **187**
D'où vient le mouvement rétrograde ? 187
Quels sont les effets des planètes rétrogrades sur nous ? 188
Que signifient les mouvements rétrogrades ? 189
Mercure rétrograde 189
Vénus rétrograde 190
Mars rétrograde 191
Jupiter rétrograde 192
Saturne rétrograde 192
Uranus rétrograde 193
Neptune rétrograde 193
Pluton rétrograde 194
Les trois passages du cycle rétrograde 195

Chapitre 11 : Les nœuds lunaires **199**
Travailler avec les nœuds lunaires 200
La signification des nœuds lunaires 201

PARTIE III : ASSEMBLER SES CONNAISSANCES

Chapitre 12 : Introduction à la lecture de thème **207**
Envisager le thème astral dans son ensemble 207
Synthétiser le thème 209

Chapitre 13 : Votre *cookbook* – ou livre de recettes – astrologique **213**
La signification des planètes dans les signes et les maisons 213
Le Soleil 214
La Lune 215
L'ascendant 222
Mercure 223
Vénus 227
Mars 230
Jupiter 232
Saturne 235
Uranus 239
Neptune 243
Pluton 246

Chapitre 14 : L'amour, l'argent et autres secrets du thème **249**
L'argent 249
L'amour 251
La carrière professionnelle, la réussite et la renommée 253
Les leçons de vie et la chance 254

Les voyages et l'aventure 255
L'image que vous renvoyez 256
La vie de famille 256
Les enfants 257
La santé 257
Le sexe 258
La créativité 259
Les peurs 259
Se faire des amis 260
Le but de la vie 261

Chapitre 15 : L'astrologie prédictive **263**
Qu'est-ce qu'une prédiction ? 263
Une remarque sur votre cookbook astrologique 264
Réaliser des prédictions avec une éphéméride 265
Réaliser des prédictions à partir des cycles planétaires 262

Conclusion 265
Glossaire 279
Questions fréquentes 286
Lectures conseillées 289
Remerciements 291
L'auteure 293

Préface

L'astrologie est un code secret qui permet d'accéder à la réussite : jamais je n'ai étudié sujet aussi mystérieux et passionnant. Depuis près de vingt ans que je l'aime et vis grâce à elle, elle n'a jamais cessé de m'émerveiller.

L'astrologie est une méthode de divination qui a été éprouvée sur des millénaires. Je m'en sers pour décoder ce qu'il se passe dans ma vie, et pour aider les autres lors de consultations face à face. Je l'utilise aussi régulièrement pour assister mes amis lorsqu'ils traversent une épreuve difficile. Je donne des conférences sur l'astrologie dans le monde entier, et reçois en direct ou par Internet des retours très positifs. Je tiens également de nombreux ateliers et j'écris des articles, des chroniques et des livres sur le sujet.

Ainsi, je trouve surprenant – pour ne pas dire exaspérant – que certains des plus grands esprits scientifiques de notre époque rejettent encore totalement l'astrologie, sans même l'avoir étudiée, ou testée ne serait-ce que cinq minutes, sans parler de lui avoir consacré les décennies nécessaires. Mon premier professeur d'astrologie disait toujours : « Fais le test ! Fais le test ! » J'ai effectivement mis l'astrologie à l'épreuve tous les jours de ma vie, et je peux vous assurer qu'elle fonctionne, c'est un fait. Je vous montrerai comment dans ce livre.

Mes débuts astrologiques

Mes amis me répètent que j'étais déjà très intéressée par l'astrologie - que je parlais des signes et des étoiles - lorsque nous étions lycéens. Très honnêtement, je ne m'en souviens pas, et mon unique souvenir précoce d'astrologie remonte à mes 12 ans, lorsque j'ai lu mon horoscope dans un magazine britannique pour adolescentes appelé *Pink*. Je vivais alors en Tasmanie, en Australie, et je me souviens m'être demandé si les informations qu'il contenait étaient valables pour l'hémisphère nord et pour l'hémisphère sud (c'est le cas).

En vérité, mon voyage astronomique a débuté (dans cette vie) alors que j'étais journaliste indépendante. Une amie, astrologue aguerrie, vidait son bureau de ses livres sur l'astrologie en prévision d'un déménagement et, sachant que le sujet m'intéressait, elle m'a offert plusieurs cartons de ses ouvrages préférés. J'avais entre les mains un véritable trésor, et j'ai tout de suite senti que quelque chose d'important était en train de se passer.

Mon amie m'a ainsi fait don d'une collection triée sur le volet des meilleurs livres sur l'astrologie de ces cent dernières années, écrits par les auteurs les plus reconnus. Il y en avait pour des centaines, voire des milliers, de livres sterling, mais, au-delà de leur valeur matérielle, j'ai su instinctivement qu'ils allaient transformer ma vie. Quand je repense à ce cadeau, je crois qu'il s'agissait là d'un geste karmique. Cette même amie m'a aussi donné quelques conseils simples pour calculer mon thème astral et celui de mes amis, et pour réaliser des prédictions.

Je me suis donc mise à lire tous ces ouvrages sur l'astrologie et à comparer les informations que j'y trouvais avec mon propre thème. J'ai soudain compris qui j'étais ! Je pense qu'il s'agit de l'expérience la plus révélatrice que j'aie jamais vécue, avec la méditation. Je crois que nous incarnons le contenu de notre thème astral, car il a des choses à nous apprendre. L'astrologie consiste à « décoder » son message, et je venais de trouver la clé pour le décrypter.

Inutile de préciser que je suis tombée amoureuse de l'astrologie presque instantanément. Je m'y suis plongée de plus en plus intensément, jour après jour : je ne pouvais plus m'arrêter de lire. Je me suis aussi inscrite sur plusieurs forums astrologiques en ligne, afin de communiquer avec d'incroyables astrologues à travers le monde.

En y repensant, j'ai du mal à trouver les mots pour décrire l'extase que j'ai ressentie en découvrant les signes, les planètes, les maisons, et plus encore. C'était incroyable. J'ai appris que le thème astral couvre absolument tous les domaines possibles et imaginables, en un accord si parfait que c'en est stupéfiant. J'ai parcouru mon propre thème – apprenant la signification des planètes, et pourquoi j'étais comme j'étais – puis je suis passée au thème de mes amis, de mes collègues et de mes ex. Soudain, tout ce qui me paraissait si mystérieux est devenu limpide !

Aujourd'hui, quand je rencontre une personne qui capte mon attention, j'ai tout de suite envie d'étudier son thème astral (j'ai d'ailleurs une application pour ça sur mon téléphone !). Le thème natal est une source incroyable d'informations, il révèle notamment si deux personnes sont compatibles ou risquent au contraire de s'accrocher. Les anecdotes sur l'enfance et l'éducation d'une personne en disent long, mais pour un astrologue, ce n'est rien comparé à son horoscope !

Mon immersion soudaine et précoce dans l'astrologie a totalement changé ma vie, et pas seulement parce que j'en ai fait mon travail. Tout d'abord, elle m'a fourni un nouveau cadre à utiliser au quotidien. Je me souviens qu'un ami – Nicola, un Capricorne très pragmatique – m'a un jour demandé d'une voix légèrement épouvantée : « Tu prends vraiment des décisions en t'appuyant sur l'astrologie ? » Ce à quoi j'ai répondu en marmonnant : « Euh... en quelque sorte, mais je fais aussi preuve de logique ! »

En vérité, je m'appuie bel et bien sur les étoiles pour prendre la plupart de mes décisions, et elles ne m'ont jamais laissée tomber. Lors de mon premier rendez-vous avec Olivier, l'homme qui allait devenir mon mari, j'ai emporté mon Palm Pilot, sur lequel j'avais téléchargé un logiciel d'astrologie. Alors que nous sirotions nos verres, j'ai réussi à lui soutirer sa date de naissance. Quand j'ai vu que sa Lune était sur ma Vénus, j'ai su que notre relation avait un fort potentiel de réussite.

J'ai récemment reçu un e-mail très agréable d'un ami professeur de spiritualité que j'ai rencontré il y a peu, George Lizos, et à qui j'ai lu son thème astral pour la première fois. Dedans, il m'a écrit une chose qui m'a fait très plaisir : « Je n'avais jamais imaginé que l'astrologie pouvait être aussi stimulante. J'ai longtemps considéré qu'elle exerçait une sorte de contrôle restrictif sur ses adeptes, mais je comprends aujourd'hui qu'elle permet réellement d'évoluer. »

Les paroles de George m'ont ravie, car c'est exactement ce que je pense de l'astrologie : elle nous aide à grandir ! En tout cas, elle devrait être utilisée dans ce but, et je souhaite que vous la pratiquiez dans cette optique.

À travers ce livre, j'espère vous transmettre ma passion et mon enthousiasme illimités pour l'astrologie. Faites le test, sur vous et sur les autres, je suis sûre que vous constaterez que ça fonctionne à merveille. Joignez-vous à moi dans mon voyage autour du Système solaire.

Quelques mots sur ce livre

L'astrologie est un système complexe, composé de textes, de références, de règles et de techniques dont certains remontent à des milliers d'années. Acquérir une connaissance approfondie de l'astrologie demande des années, voire des décennies : je l'étudie depuis près de vingt ans, et je me considère encore comme une apprenante. Cependant, une fois que vous maîtriserez les techniques et principes fondamentaux de l'astrologie – tous expliqués de façon simple et claire, étape par étape dans ce livre –, vous en saurez alors plus qu'assez pour commencer à vous en servir immédiatement.

Ce livre vous apprendra tout ce que vous devez savoir pour générer, comprendre et interpréter votre thème astral, celui de vos amis, des membres de votre famille, de vos partenaires ou amants potentiels, et de n'importe qui d'autre dont vous pourrez vous procurer la date et le lieu de naissance. Vous apprendrez à interpréter les données personnelles très révélatrices du thème natal et à obtenir ainsi des informations de grande valeur expliquant votre façon d'être.

Ce livre est divisé en trois parties, articulées autour des quatre piliers de l'astrologie : les planètes, les signes du zodiaque, les maisons et les aspects. Une fois que vous les maîtriserez et comprendrez les liens qui les unissent, vous aurez décrypté le code secret de l'astrologie.

Partie I : dans cette partie, vous commencerez par télécharger votre thème astral en ligne afin de vous y référer ensuite tout au long de votre lecture et de réaliser des exercices d'application simples. Vous découvrirez ensuite les éléments – le feu, la terre, l'air et l'eau –, mais aussi le Soleil, la Lune et les planètes : les principaux corps célestes étudiés traditionnellement par les astrologues. Les comprendre et les identifier dans votre horoscope constitue la première étape pour pouvoir décoder votre thème. Sachez que le thème astral est divisé en sections : douze maisons, douze cuspides (les lignes qui séparent les maisons) et quatre angles. Nous aborderons tout cela dans cette partie.

Partie II : après avoir étudié les planètes, les signes et les maisons, nous nous intéresserons aux degrés et aux aspects, autrement dit les connexions, ou relations, qui unissent les planètes aux autres points du thème et qui influencent l'interprétation des planètes et des signes impliqués. Acquérir une compréhension basique des degrés et des aspects vous ouvrira les portes de la véritable astrologie, qui dépasse de loin l'horoscope que vous pouvez lire dans les journaux et les magazines, qui ont certes leur place dans la pratique, mais ne constituent que le sommet de l'iceberg. Vous découvrirez également les différentes configurations que les planètes peuvent former dans le thème, et ce qu'elles signifient.

Partie III : c'est ici que vous apprendrez à associer tout ce que vous aurez appris. À ce stade, vous aurez identifié les planètes de votre thème ainsi que les signes et les maisons où elles se trouvent, mais qu'est-ce que tout cela signifie ? Cette partie contient notamment un *cookbook* – ou livre de recettes – composé de brèves interprétations permettant de savoir ce qu'implique la présence d'une planète dans un signe ou une maison. Et pour celles et ceux qui voudraient aller plus loin dans leur apprentissage, j'ai également inclus quelques conseils pour réaliser des prédictions.

Partie I
LES BASES DE L'ASTROLOGIE

Chapitre 1

Qu'est-ce que l'astrologie ?

Le mot astrologie vient du latin *astrologia*, lui-même dérivant du grec ἀστρολογία. En décomposant ce dernier, on obtient ἄστρον - *astron* ou « étoile » - et λογία - *logia* ou « l'étude de ». L'astrologie est donc « l'étude des étoiles ».

Pendant des millénaires, les astrologues ont étudié le mouvement des planètes autour du Soleil et sur la toile de fond que forment les étoiles immobiles (mais aussi le mouvement de la Lune autour de la Terre) et ont interprété les interactions entre les planètes et la Terre. L'astrologie consiste donc à enquêter sur les corrélations entre les positions et mouvements du Soleil, de la Lune, des planètes et des étoiles immobiles d'une part, et ce qui se passe sur Terre et dans notre vie d'autre part.

La grande question, c'est de savoir si les cycles célestes et les phénomènes cosmiques *provoquent* les événements sur notre planète, ou s'ils se contentent de les *refléter*. Ce que je peux dire, c'est qu'Hermès Trismégiste, personnage possiblement mythique surnommé le père de l'astrologie, aurait résumé le « fonctionnement » de l'astrologie - dans un texte connu sous le nom de *La Table d'émeraude* - en ces termes :

> *« Ce qui est en bas est comme ce qui est en haut ; et ce qui est en haut est comme ce qui est en bas, pour faire les miracles d'une seule chose. »*

Les origines de l'astrologie

Le premier système astrologique organisé remonte au IIe siècle av. J.-C., et a été créé par la culture babylonienne en Mésopotamie (une région du sud-ouest de l'Asie où s'est développée la première civilisation). À partir de leurs observations du ciel, les Babyloniens ont tiré des présages principalement utilisés pour anticiper la météo et les événements politiques.

Une théorie suppose que l'astrologie serait en fait bien plus ancienne, et remonterait au temps où les hommes vivaient encore dans des cavernes. En effet, on a retrouvé des gravures sur des os et sur les murs de grottes en France et ailleurs dans le monde, prouvant que les cycles lunaires étaient déjà consignés il y a 25 000 ans. Les premiers humains avaient besoin de comprendre la nature et les cycles de la Terre pour survivre et évoluer au fil des saisons. Suivre les cycles de la Lune rend la tâche un peu plus facile.

Pendant des milliers d'années, les légendes et les théories autour de l'astrologie se sont multipliées. Le commun des mortels, puis les astrologues professionnels, ont commencé à se poser des questions sur ce qu'ils voyaient dans le ciel, telles que : « que se passe-t-il globalement sur Terre quand on voit Mars près de Jupiter ? », « qu'arrive-t-il quand Mars se trouve à l'opposé de Saturne ? », ou encore « que se passe-t-il à la pleine lune et à la nouvelle lune ? Les événements qui surviennent sont-ils différents ? ». Les observations et interprétations de ces événements célestes ont été testées encore et encore, jusqu'à se révéler exactes.

Aux premières heures de l'observation des étoiles, on pensait que chaque domaine de la vie humaine possédait une correspondance avec une des sept « planètes classiques » : le Soleil, la Lune et les planètes Mercure, Vénus, Mars, Jupiter et Saturne. Cependant, quand les planètes utilisées par les astrologues modernes – Uranus, Neptune et Pluton – ont été découvertes et intégrées au système astrologique déjà existant, certaines de ces significations ont changé : le glamour et la drogue sont par exemple passés respectivement de Vénus et Mars à Neptune.

L'acceptation par les astrologues des significations et interprétations attribuées aux planètes modernes est le résultat d'un long processus. Aujourd'hui encore, certains astrologues refusent d'utiliser Uranus, Neptune et Pluton dans leurs calculs et leurs interprétations. Les astrologues qui les prennent en compte sont toutefois à présent d'accord sur leur signification, ainsi que sur celle des planètes classiques. Dans ce livre, j'utilise le système moderne et donc Uranus, Neptune et Pluton, notamment parce que je pense que l'astrologie est une discipline qui évolue.

Le zodiaque

Quand ils travaillent avec les étoiles, les astrologues notent principalement les mouvements du Soleil, de la Lune et des planètes autour du zodiaque - un anneau imaginaire que parcourt le Soleil lors de son passage apparent dans le ciel de la Terre. Le zodiaque est divisé en douze sections égales connues sous le nom de signes astrologiques : Bélier, Taureau, Gémeaux, Cancer, Lion, Vierge, Balance, Scorpion, Sagittaire, Capricorne, Verseau et Poissons. Les astrologues attribuent une interprétation différente aux planètes selon leur emplacement - par exemple, quand Vénus se trouve en Gémeaux, en Cancer ou en Lion.

La légère oscillation de la Terre sur son axe entraîne un décalage dans notre vision des étoiles aujourd'hui. Ce phénomène, appelé « la précession des équinoxes », se traduit par le fait que les constellations se déplacent d'un degré tous les 71,6 ans. Ainsi, les signes du zodiaque ne correspondent plus aux constellations actuelles. Par conséquent, les signes sont symboliques, mais c'est le système utilisé par les astrologues, et il fonctionne.

Les planètes se déplacent autour du Soleil dans une même direction, et mettent plus ou moins de temps à compléter leur orbite. Alors qu'elles parcourent les 360 degrés de notre ciel, elles se croisent en formant des angles. Ces angles - appelés des « aspects » - constituent sans conteste le nerf de l'astrologie. Vous découvrirez tout sur la signification des aspects dans le chapitre 8.

Soit dit en passant, bien que l'on considère souvent notre Système solaire comme un globe, il ressemble en fait à un disque plat : cette illustration stylisée vous donne une idée de ce dont il a l'air.

Schéma 1 : le Système solaire

Comment fonctionne l'astrologie ?

Personne ne sait vraiment comment fonctionne l'astrologie. Comme je l'ai dit plus haut, l'astrologie moderne est née d'une conscience ancienne de notre condition de microcosme au sein de l'Univers. Je crois que l'astrologie fonctionne parce que nous sommes tous connectés à toutes les formes de vie, partout. *Tout* est connecté. Le microcosme se trouve dans le macrocosme. Tout a un effet sur tout. L'idée que « ce qui est en bas est comme ce qui est en haut » d'Hermès Trismégiste reflète bien cette intuition, elle est d'ailleurs centrale en astrologie.

On peut considérer le ciel comme une grande « horloge » cosmique. Saturne est par exemple traditionnellement perçue comme la planète « lugubre » du zodiaque. Ainsi, quand l'alarme de Saturne se déclenche dans la grande horloge cosmique (autrement dit, quand Saturne forme un angle, ou aspect, avec une autre planète), c'est qu'il est temps de passer aux choses sérieuses. Mercure est, entre autres, la planète bavarde de la communication : quand son alarme se déclenche, il est l'heure de se mettre à communiquer.

Les branches de l'astrologie

Il existe de nombreux types d'astrologie. En voici les branches principales :

L'astrologie natale : elle consiste à étudier la position des planètes au moment de la naissance d'une personne. Un astrologue trace une « carte » circulaire du ciel à ce moment précis, appelée thème astral, thème natal ou horoscope.

L'astrologue l'utilise ensuite pour en déduire les dons et les difficultés qui marqueront la vie de cette personne. L'astrologie natale aide à mieux se connaître et se comprendre.

L'astrologie prédictive : bien évidemment, les planètes poursuivent leur course après notre naissance. Alors qu'elles se déplacent dans le ciel (qu'elles sont « en transit »), les astrologues déterminent leurs déplacements dans le thème astral étudié, et les angles qu'elles y formeront. Ces informations leur servent ensuite à formuler des prédictions.

Quand je me suis intéressée à l'astrologie plus sérieusement, je me suis notamment prise de passion pour les prédictions. Je pensais, de façon sans doute un peu présomptueuse, que je me connaissais et me comprenais déjà très bien. Aujourd'hui, je place cependant l'astrologie natale et l'astrologie prédictive au même niveau, car elles sont tout aussi révélatrices l'une que l'autre.

Il existe encore bien d'autres formes d'astrologie : l'astrologie mondaine (l'étude des effets des cycles astrologiques sur les nations et les gouvernements), l'astrologie élective (qui permet à l'astrologue de déterminer le meilleur moment pour faire ou ne pas faire quelque chose), l'astrologie horaire (où l'on trace un thème pour répondre à une question précise), l'astrologie médicale et psychologique, et bien d'autres encore.

Dans ce livre, nous nous intéressons principalement à l'astrologie natale, qu'on pourrait aussi appeler astrologie « horoscopique » ou « judiciaire », puisqu'elle consiste à interpréter l'horoscope – le thème astrologique calculé selon l'heure, la date et le lieu exacts de naissance d'une personne –, mais nous parlerons également brièvement d'astrologie prédictive dans le dernier chapitre.

Le thème astral, ou horoscope

Le principal objectif de ce livre est de vous aider à comprendre et à interpréter votre thème astral. Mais qu'est-ce qu'un thème astral, exactement ? Pour un astrologue, c'est la carte de votre vie.

D'un point de vue concret, un thème astral (ou thème natal) fournit une photographie instantanée de la position des planètes au moment de votre naissance, prise depuis le lieu de votre naissance. Imaginez que, juste au moment où vous quittiez le ventre de votre mère, quelqu'un regardait le ciel, allongé dans un jardin juste à côté. Imaginez qu'il ait pu voir le Soleil, la Lune, Mercure, Vénus, Mars, Jupiter, Saturne, Uranus, Neptune et Pluton, et qu'il ait ensuite tracé un cercle et indiqué les points du ciel où ils se trouvaient.

Vous obtenez ainsi votre thème astral, ou horoscope natal. Les planètes ne retrouveront cet exact agencement que dans 26 000 ans. Votre thème vous montre les opportunités et les défis que la vie vous réserve, mais aussi ce à quoi l'avenir vous destine probablement à partir de ce que vous vivez dans le présent.

Une fois que vous serez capable de décoder votre thème astral - une compétence que vous développerez pas à pas à mesure que vous lirez ce livre -, vous tracerez en effet la carte de votre vie, et pourrez en faire de même avec vos amis, vos compagnons et vos enfants, si vous en avez.

Sur la page suivante se trouve le thème astral de Louise Hay (Balance), fondatrice de la maison d'édition qui publie mes œuvres dans le monde anglophone. Quand vous aurez fini votre lecture, vous devriez être capable de le déchiffrer. N'y allez pas tout de suite, mais sachez que j'en ai décodé les bases pour vous page 260.

☉	13°55'14"	♎
☽	0°0'29"	♏
☿	27°29'27"	♎
♀	2°47'37"	♎
♂ Rx	18°29'53"	♉
♃ Rx	17°13'35"	♒
♄	23°23'28"	♏
♅ Rx	26°28'9"	♓
♆	26°8'36"	♌
♇	15°33'36"	♋
☊ Rx	11°16'9"	♋
☋ Rx	11°16'9"	♑

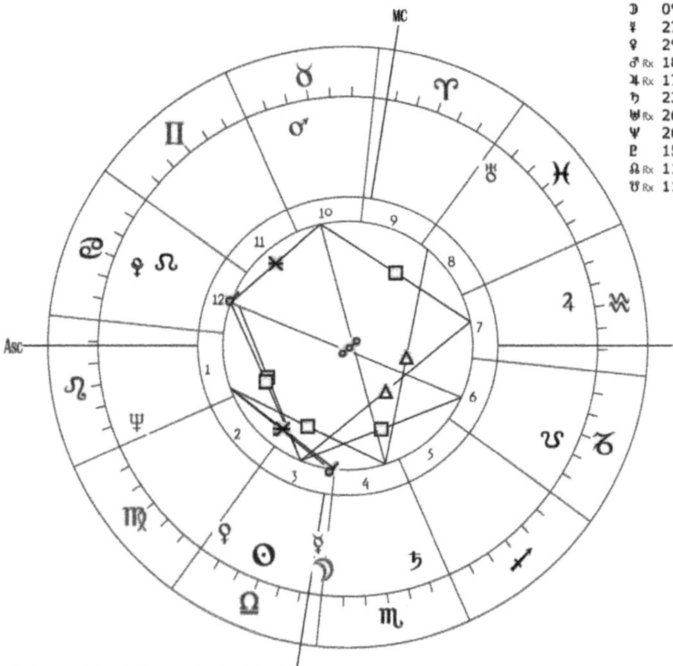

	☽	☉	☿	♀	♂	♃	♄	♅	♆	♇	☊	☋
☽			☌						✶			
☉						△				□	□	□
☿	☌								✶			
♀												
♂						□	☍			✶		
♃		△			□							
♄					☍			△	□			
♅							△					
♆	✶		✶				□					
♇		□			✶						☌	☍
☊		□								☌		
☋		□								☍		

Chapitre 2

Le thème astral - la carte de votre vie

Dans ce chapitre, vous effectuerez les premiers pas de votre voyage astrologique - en générant, ou calculant, votre propre thème astral (ou horoscope) sur Internet. Les chapitres suivants vous permettront de « décoder » l'incroyable *richesse* des informations personnelles qu'il contient.

Générer son thème astral

Pour commencer, rendez-vous sur mon site theastrologybook.com/freechart - en anglais - pour y télécharger votre thème natal. Une fois connecté, entrez simplement l'heure, la date et le lieu de votre naissance, et votre thème personnalisé sera automatiquement généré. C'est aussi simple que ça ! Savourez ce moment, il pourrait bien changer votre vie. (Notez que pour obtenir un thème le plus précis possible, vous aurez besoin de l'heure exacte de votre naissance. Si vous ne la connaissez pas, consultez la liste des *questions fréquentes* ci-dessous.)

Imprimez-en ensuite une copie, et prenez un moment pour le regarder. Imprégnez-vous-en. Il est possible que vous vous en souveniez, que vous le reconnaissiez. Comme l'astrologue américain Steven Forrest l'a écrit dans son livre *Le Ciel inté-*

rieur, « le thème natal est le modèle du chemin de croissance le plus heureux, le plus enrichissant et le plus spirituellement créatif ouvert à l'individu », et cet individu, c'est vous !

Vous vivez peut-être un moment très important de votre vie. Je n'exagère pas quand je dis que les informations contenues dans votre thème astral pourraient remplir des livres entiers. Vous y trouverez les talents et les difficultés qui vous accompagnent depuis votre naissance. Il peut vous révéler votre raison de vivre, ce que vous aimez et n'aimez pas, vos peurs, vos capacités, les dons dont vous bénéficiez, ou encore comment surmonter les obstacles. Il peut aussi vous guider pour affronter les défis qui vous attendent sur Terre, dans cette vie, afin que votre âme puisse évoluer. Il peut même vous révéler des informations sur vos vies antérieures.

Générer son thème astral – questions fréquentes

Cette première étape du voyage astrologique soulève inévitablement des questions chez tous les apprentis astrologues, j'ai fait de mon mieux pour répondre à certaines d'entre elles ci-dessous.

Que faire si je ne connais pas l'heure de ma naissance ?

Il n'existe pas de réponse facile ou rapide à cette question. La première chose à faire est de solliciter vos parents, ou peut-être un frère ou une sœur plus âgés, et de leur demander s'ils s'en souviennent. Si ça ne fonctionne pas, certains certificats de naissance ou documents hospitaliers contiennent certainement l'information que vous cherchez.

Vous ne la trouvez toujours pas ? Si vous êtes vraiment déterminé, vous pouvez consulter un astrologue dont la spécialité est de retrouver les heures de naissance perdues, qu'on appelle généralement la « rectification » du thème natal. Il notera les événements importants de votre vie – la naissance de vos frères et sœurs, l'année où vous êtes entré à l'école, où vous avez été diplômé ou avez commencé à travailler, où vous avez eu le cœur brisé, où vous vous êtes marié ou avez divorcé, etc. - et déduira l'heure probable de votre naissance à partir de toutes ces informations.

Vous pouvez aussi consulter un kinésiologue, qui extraira de vous l'heure exacte de votre naissance grâce à une technique appelée le test musculaire. En deux mots, l'idée est que vous savez, à un certain degré de conscience, à quelle heure vous êtes né, que cette information est enregistrée quelque part dans les profondeurs de votre corps et qu'elle peut être extraite grâce à cette méthode. Après tout, vous étiez là, alors pourquoi ne sauriez-vous pas, au fond, l'heure qu'il était ?

Il peut être fascinant de demander à un astrologue de déduire votre heure de naissance à l'aide de méthodes astrologiques traditionnelles, puis de consulter un kinésiologue pour voir à quelle heure votre corps « dit » que vous êtes né (sans révéler ce que l'astrologue vous a appris avant, bien sûr).

Et si tout cela vous paraît trop compliqué ? Le plus simple reste de dire que vous êtes né à 6 heures du matin au moment où vous générerez votre thème astral en ligne. Il sera certes moins précis - vous ne connaîtrez pas votre véritable ascendant, et vous pourrez vous retrouver avec le mauvais signe lunaire (nous en reparlerons) - mais 6 heures étant l'heure arbitraire que de nombreux astrologues utilisent lorsque l'heure de naissance est inconnue, il peut valoir le coup d'essayer. D'autres utilisent midi. Mieux vaut travailler avec un thème un peu moins précis qu'abandonner carrément l'étude de votre horoscope dès le début. Vous serez peut-être tenté de reprendre vos investigations une fois que vous constaterez toutes les informations que vous pouvez obtenir même sans connaître votre heure de naissance.

Et si je suis né par césarienne ?

La plupart des astrologues, moi y compris, pensent que nous naissons au moment précis où nous sommes *destinés* à naître. Cela s'applique aux naissances par voie basse, avant ou après le terme de la grossesse, et par césarienne à l'heure décidée par votre mère (ou par l'obstétricien qui avait un tournoi de golf ce jour-là et avait planifié votre arrivée pour telle heure).

Même si les humains sont très malins, je doute fort que nous ayons trouvé une façon d'influencer le modèle même de notre vie ! Votre thème vous était destiné, il vous guidera à travers toutes les leçons que cette vie vous réserve, et vous fournira toutes les informations concernant les bonheurs qui vous attendent - si vous décidez d'en réaliser le potentiel.

Certains thèmes sont-ils « meilleurs » que d'autres ?

Non. Il existe cependant des thèmes « plus simples ». Le prince Charles possède par exemple un des thèmes les plus « simples » qu'on pourrait imaginer, et pourtant, sa vie n'est qu'une longue et douloureuse épreuve. Cela dépend du karma - oui, le thème comprend aussi des informations sur le karma (nous en reparlerons plus tard).

Ainsi, si vous vous rendez compte en lisant ce livre que votre thème est formidable ou tourmenté, dites-vous bien que cela ne signifie pas pour autant que vous êtes béni ou maudit. Tout dépend des leçons que vous devez apprendre dans cette vie. Les thèmes astrologiques sont neutres, et, comme le disait Shakespeare : « Rien n'est bon ou mauvais en soi, tout dépend de ce que l'on en pense. »

Petite remarque : vous vous apprêtez à découvrir un moyen de vous connaître en lisant et en interprétant votre thème natal - et, par la suite, celui de vos amis et des membres de votre famille. Vous devez vous engager, ici et maintenant, à utiliser ces informations à bon escient.

Entrons à présent dans le vif du sujet !

Se familiariser avec son thème astral

L'astrologie s'articule en un système de strates qui se superposent les unes aux autres. Chaque chapitre de ce livre a été conçu pour vous aider à appréhender ce système, étape par étape, et à identifier comment il se rapporte à votre thème natal. Veillez à toujours avoir votre thème à portée de main pendant votre lecture afin de pouvoir vous en servir lorsque vous réaliserez les exercices d'application, qui vous aideront à appréhender les nouveaux concepts et termes que vous découvrirez.

La structure de l'horoscope

Pour commencer, vous devez vous familiariser avec la structure de votre thème astral, et y identifier les trois piliers ou concepts astrologiques majeurs : les signes du zodiaque, les planètes et les maisons. Commençons par la structure générale. Vous remarquerez que votre thème se compose de plusieurs roues imbriquées les unes dans les autres. Si cela vous semble compliqué, voire décourageant, pour l'instant, ne vous inquiétez pas, vous serez beaucoup plus à l'aise en un rien de temps.

Vous trouverez page 16 un thème astral vide dont les roues ont été nommées A, B, C et D : observons-les l'une après l'autre.

A. La roue centrale - où se trouvent de petits symboles et des lignes dans votre thème - indique les connexions entre les planètes et autres « points » astrologiques de votre thème (nous en reparlerons plus tard).

B. La deuxième roue, plus étroite et divisée en sections numérotées de 1 à 12, divise le thème en ce qu'on appelle des maisons. Ces nombres désignent le numéro de la maison : le chiffre 1 représente ainsi la maison 1. Les maisons sont placées dans le sens contraire des aiguilles d'une montre. Les chiffres n'apparaissent pas toujours sur les horoscopes, mais je les ai indiqués pour faciliter la lecture.

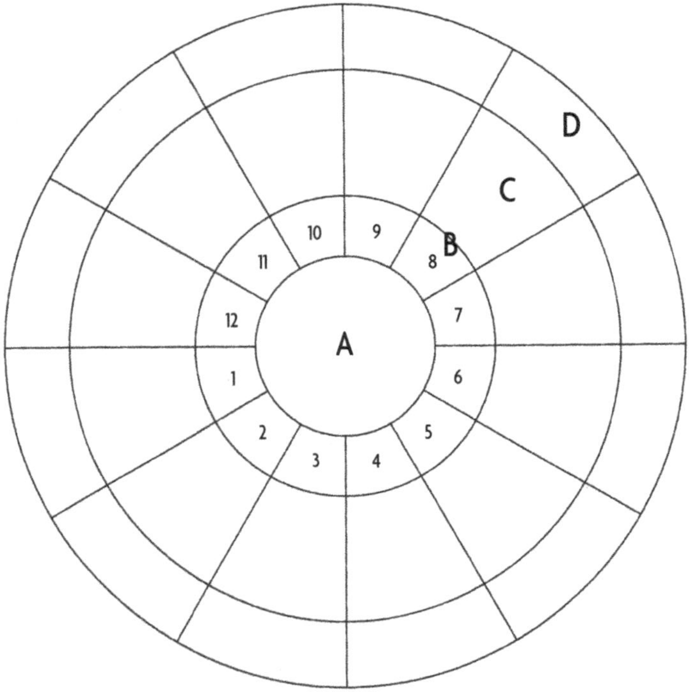

Schéma 2 : la structure du thème astral

C. Les douze sections de cette roue représentent les douze maisons elles-mêmes.

D. La roue la plus externe indique la division du thème entre les douze signes du zodiaque, qui se suivent dans le sens contraire des aiguilles d'une montre.

Identifier les signes du zodiaque dans le thème

Passons aux douze signes du zodiaque : points de départ pour comprendre l'astrologie. Vous savez probablement que votre signe du zodiaque « personnel » (par exemple Gémeaux, Lion ou Verseau) dépend du signe dans lequel se trouvait le Soleil le jour de votre naissance. Il s'agit de votre signe natal, ou, comme l'appellent les astrologues, de votre signe solaire. Voici la liste des signes du zodiaque dans l'ordre traditionnellement utilisé en astrologie : plus vite vous les mémoriserez, dans l'ordre présenté ci-dessous, plus vite vous avancerez.

1. Bélier
2. Taureau
3. Gémeaux
4. Cancer
5. Lion
6. Vierge
7. Balance
8. Scorpion
9. Sagittaire
10. Capricorne
11. Verseau
12. Poissons

Peut-être avez-vous remarqué que sur votre thème, les signes du zodiaque (qui figurent dans la roue externe - la roue D dans le schéma 2 ci-dessus) ne sont pas indiqués par leur nom, mais par des symboles plutôt mystérieux. Les astrologues utilisent ces symboles - appelés des glyphes - car ils sont plus pratiques pour représenter les signes du zodiaque (et autres informations). Croyez-le ou non, une fois qu'on s'y habitue, il est bien plus commode de les utiliser que d'écrire le nom des signes en entier.

Les glyphes des signes du zodiaque

Intéressons-nous de plus près aux glyphes des signes du zodiaque : pas besoin de les mémoriser dans l'immédiat, mais vous habituer à les reconnaître vous aidera à bien comprendre votre thème. Le tableau ci-dessous contient les glyphes et symboles utilisés pour chaque signe : les symboles donnent une bonne indication de l'« énergie » des signes (nous reparlerons de leur signification plus tard).

Signe	Glyphe	Symbole
Bélier	♈	Un bélier
Taureau	♉	Un taureau
Gémeaux	♊	Des jumeaux
Cancer	♋	Un crabe
Lion	♌	Un lion
Vierge	♍	Une vierge
Balance	♎	Une balance
Scorpion	♏	Un scorpion
Sagittaire	♐	Un centaure
Capricorne	♑	Un bouc à queue de poisson
Verseau	♒	Un porteur d'eau
Poissons	♓	Deux poissons

Exercice d'application

Sur votre thème, notez le nom des signes du zodiaque à côté de leur glyphe.

Indice : les signes se trouvent sur la roue la plus à l'extérieur de votre thème. Une fois que vous aurez identifié un premier signe, faites le tour de votre thème dans le sens contraire des aiguilles d'une montre. Les signes se suivent dans l'ordre suivant : Bélier, Taureau, Gémeaux, Cancer, Lion, Vierge, Balance, Scorpion, Sagittaire, Capricorne, Verseau, Poissons.

Identifier les planètes dans le thème

Intéressons-nous à présent aux autres étranges gribouillis de votre thème : ceux qui se trouvent dans la section C du schéma page 16, et que vous retrouverez dans le schéma ci-dessous. Il s'agit des dix planètes utilisées en astrologie : le Soleil, la Lune, Mercure, Vénus, Mars, Jupiter, Saturne, Uranus, Neptune et Pluton (notez que les astrologues savent très bien que le Soleil et la Lune ne sont pas des planètes et qu'ils les nomment des luminaires ; cependant, afin de se simplifier la vie, ils les appellent aussi souvent des planètes).

Comme je vous l'ai expliqué, regarder son thème astral revient à regarder une photographie instantanée du ciel au moment de votre naissance : vous y trouverez les dix planètes. Encore une fois, les astrologues n'utilisent pas les mots pour les placer sur le thème, comme pour les signes, mais les désignent par des glyphes.

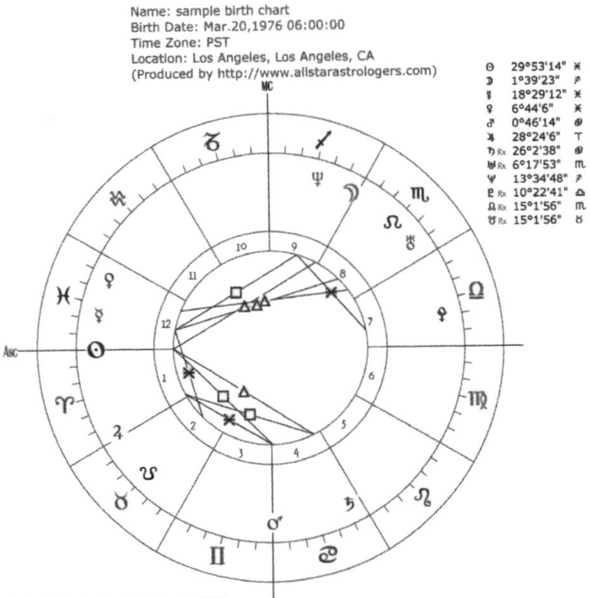

	☽	☉	☿	♀	♂	♃	♄	♅	♆	♇	☊	☋
☽		△										
☉	△				□		△					
☿									□		△	✶
♀								△				
♂		□				✶						
♃					✶		□					
♄		△				□						
♅				△								
♆			□							✶		
♇									✶			
☊			△									
☋			✶									

Schéma 3 : thème natal avec planètes

Les glyphes des planètes

Le tableau ci-dessous contient les glyphes utilisés pour représenter les planètes. Prenez le temps de les intégrer dès maintenant. Essayez de dessiner les glyphes, de les nommer, puis faites l'inverse. J'ai indiqué quelques moyens mnémotechniques dans le tableau pour vous aider.

Planète	Glyphe	Moyen mnémotechnique
Le Soleil	☉	Un cercle avec un point au milieu
La Lune	☾	Un croissant de lune
Mercure	☿	Le messager ailé
Vénus	♀	Le symbole de la féminité
Mars	♂	Le symbole de la masculinité
Jupiter	♃	Le chiffre 4 courbé
Saturne	♄	La lettre h en minuscule avec une croix en haut
Uranus	♅	Une antenne télé
Neptune	♆	Un trident
Pluton	⯓ ♇	Un creuset, une association des lettres P et L

Quand on s'y intéresse davantage, on se rend compte que les glyphes des planètes ont des significations plus profondes. En voici un aperçu :

- Le Soleil : l'esprit entoure la graine du potentiel
- La Lune : un croissant de lune
- Mercure : le casque ailé de Mercure et son caducée
- Vénus : le miroir de la déesse
- Mars : un bouclier et une épée, pour mener une bataille
- Jupiter : la foudre de Zeus
- Saturne : une faux, proche de l'image de la mort dans les gravures médiévales
- Uranus : il s'agit bel et bien d'un h stylisé, en hommage à William Herschel qui découvrit la planète
- Neptune : le trident de Neptune

- Pluton : cette planète possède deux glyphes (voir le tableau page 21) : le creuset, utilisé sur votre thème et qui représente la cape d'invisibilité de Pluton, et les lettres P et L associées - les initiales de Percival Lowell, grâce à qui la planète fut découverte.

Exercice d'application

Notez le nom des planètes à côté de leur glyphe sur votre thème.

Utilisez le tableau ci-dessus pour vous aider.

Identifier les planètes dans les signes

Vous devriez à présent être capable d'identifier à la fois les signes et les planètes sur votre thème. Combinez ce que vous avez appris jusqu'à présent et regardez dans quels signes se trouvent vos planètes. Commencez par votre Soleil : trouvez le glyphe du Soleil dans votre thème. Les signes du zodiaque sont indiqués dans la section correspondant à la roue la plus externe. Si, par exemple, le glyphe du Soleil se trouve dans la section avec le glyphe du Bélier dans la roue la plus externe, alors votre Soleil est en Bélier. Cherchez ensuite votre Lune : si elle se trouve dans la section avec le glyphe du Verseau à l'extérieur, alors votre Lune est en Verseau, etc.

Notez les signes où se trouvent vos planètes.

Sur votre thème, vous trouverez une liste de vos planètes et des signes où elles se trouvent. En vous servant de cette liste et des informations ci-dessus, parcourez votre horoscope et familiarisez-vous avec l'emplacement de vos planètes, notez ce que vous observez, ici ou dans un carnet.

Par exemple :

Mon Soleil est en Cancer

Ma Lune est en Poissons

Ma Mercure est en Gémeaux

À vous...

Mon Soleil est en ____________________

Ma Lune est en ____________________

Ma Mercure est en ____________________

Ma Vénus est en ____________________

Ma Mars est en ____________________

Ma Jupiter est en____________________

Ma Saturne est en ____________________

Mon Uranus est en ____________________

Ma Neptune est en ____________________

Ma Pluton est en ____________________

Remarquez-vous des doublons, des triplets, ou plus ? Votre Soleil se trouve-t-il dans un signe et presque toutes vos autres planètes dans un autre ? Si c'est le cas, vous faites sans doute partie des personnes qui ne s'identifient pas tant que ça à leur signe solaire. Par exemple, si le Soleil est la seule de vos planètes en Lion, et que plusieurs autres de vos planètes se trouvent en Vierge, sa voisine, vous penserez et vous sentirez sans doute davantage comme une Vierge que comme un Lion.

Identifier les maisons dans le thème

Voici à présent quelques informations sur les douze maisons qu'il est essentiel de connaître. Les maisons que vous voyez dans votre thème divisent l'écliptique : le chemin que le Soleil a l'air de parcourir à travers le ciel depuis notre point de vue terrestre.

Regardez à nouveau le schéma de la structure du thème astral page 16. Les roues B et C représentent les divisions en maisons, elles sont identiques sur votre thème. Notez que les lignes qui séparent les maisons sont appelées des cuspides (nous en reparlerons dans le chapitre 7).

Les douze maisons

Chacune des douze maisons astrologiques représente un aspect de la vie. Voici un aperçu de ce qu'elles désignent.

Maison 1 : votre apparence et votre image ; votre identité ; l'image que vous renvoyez aux autres.

Maison 2 : l'argent, la propriété et les biens que vous possédez ; les valeurs, y compris la valeur que vous vous accordez.

Maison 3 : la communication ; les frères et sœurs ; les voisins ; les courts voyages ; l'apprentissage précoce et l'éducation.

Maison 4 : la maison et la famille, tout ce qui relève du domestique ; l'endroit où se trouve votre place ; votre passé.

Maison 5 : la romance ; la créativité ; les enfants (les vôtres ou ceux de quelqu'un d'autre) ; la poursuite du plaisir ; les histoires d'amour.

Maison 6 : les gestes du quotidien, dont le travail ; votre santé ; le devoir.

Maison 7 : vos amants, votre conjoint et vos anciens compagnons ; vos ennemis connus ; n'importe quel genre de partenaire, y compris vos associés au travail ; la coopération et la compétition.

Maison 8 : les finances communes ; les cartes de crédit ; les dettes ; le sexe ; tout ce que vous considérez comme tabou ; l'héritage ; la transformation.

Maison 9 : les études ; le voyage ; la Grande Quête cosmique ; Internet ; l'apprentissage supérieur ; la religion ; la spiritualité ; les rêves.

Maison 10 : votre carrière et vos ambitions ; la façon dont vous laisserez une trace dans le monde : ce pour quoi on se souviendra de vous ; votre réputation.

Maison 11 : les amis ; les réseaux ; les cercles sociaux ; les espoirs et les souhaits.

Maison 12 : c'est la partie la plus profonde, la plus sombre et la plus sensible de votre thème. Vos craintes ; votre spiritualité ; l'autodestruction ; le désistement ; les ennemis, cachés ou secrets.

Identifier le signe des maisons

On dit que le signe du zodiaque qui se trouve au début d'une maison la « domine ». Par exemple, si le Lion se trouve à 9 heures sur votre thème, alors le Lion domine votre maison 1 et, quand vous traitez des questions en lien avec la maison 1 (par exemple votre apparence et la façon dont les autres vous voient), vous vous y attaquez comme un Lion.

Le glyphe du Scorpion à 6 heures signifie que le Scorpion domine votre maison 4, donc que quand vous vous penchez sur des problèmes liés à la maison 4 - le foyer et la famille -, votre vie prend une saveur Scorpion. La maison située à 3 heures est votre maison 7, donc si le Verseau domine votre maison 7, vous vous comporterez d'une façon tout ce qu'il y a de plus Verseau dans les domaines de la maison 7, à savoir l'amour et les relations (nous reparlerons davantage de la signification des signes et des maisons plus tard).

Exercice d'application

Notez quels signes dominent vos maisons.

Notez-les ci-dessous ou dans un carnet.

________________ domine ma maison 1

________________ domine ma maison 2

________________ domine ma maison 3

________________ domine ma maison 4

________________ domine ma maison 5

________________ domine ma maison 6

________________ domine ma maison 7

________________ domine ma maison 8

________________ domine ma maison 9

________________ domine ma maison 10

________________ domine ma maison 11

________________ domine ma maison 12

L'ascendant

Même si vous découvrez l'astrologie, vous avez sans doute entendu parler de l'ascendant. On l'appelle ainsi car il s'agit du signe qui se levait à l'est au moment et depuis le lieu de notre naissance. Pour connaître votre ascendant, regardez simplement le signe situé à 9 heures sur votre thème, et qui domine votre maison 1. Ce signe est votre ascendant (il figure également dans la liste des planètes de votre thème).

Exercice d'application

Notez le signe où se trouve votre ascendant.

Par exemple : mon ascendant se trouve en Vierge.

À vous...

Mon ascendant se trouve en ____________________

RÉSUMÉ

Dans ce chapitre, vous avez appris à identifier les trois piliers astrologiques fondamentaux du thème astral : les signes, les planètes et les maisons. Vous êtes à présent prêt à aller plus loin, et à découvrir la signification de toutes ces informations.

Notez que deux autres glyphes figurent sur votre thème : ☊ et ☋ . Il s'agit des nœuds lunaires, dont nous reparlerons dans le chapitre 11.

Chapitre 3

Comprendre les signes du zodiaque

Intéressons-nous à présent de plus près aux douze signes du zodiaque. Ils présentent des caractéristiques internes qui figurent parmi les phénomènes astrologiques les plus fascinants à étudier. Peut-être savez-vous déjà que les signes sont divisés en quatre éléments – le feu, la terre, l'air et l'eau –, mais ce n'est pas tout ! Le Cancer, par exemple, est un signe d'eau, mais c'est aussi un signe cardinal et yin. Le Bélier est un signe de feu, mais c'est aussi un signe cardinal et yang.

En effet, il existe trois façons de classer les douze signes du zodiaque : en éléments, qualités et polarités. En bref, ces trois classifications permettent de définir et de décrire les caractéristiques fondamentales des signes. Dans les prochaines pages, vous découvrirez ces classifications, qui constituent l'une des subtilités de l'astrologie qui en font un sujet si riche : en effet, il n'existe pas deux signes identiques. Nous commencerons par la classification la plus simple : les éléments, qu'on appelle aussi les « triplicités ».

Les éléments (le feu, la terre, l'air et l'eau)

Il existe quatre éléments, regroupant chacun trois signes du zodiaque, raison pour laquelle on les appelle parfois des « triplicités ». Ces quatre éléments sont le feu, la terre, l'air et l'eau.

L'élément où se trouve un signe en révèle les caractéristiques élémentaires. Dans les grandes lignes, les signes de feu ont tendance à être passionnés, les signes de terre se montrent plutôt pragmatiques, les signes d'air sont enclins à vivre dans leur tête et les signes d'eau sont plus émotifs. Bien connaître les éléments vous donnera accès à d'importants renseignements sur la personnalité et le comportement de tous ceux dont vous connaîtrez le signe solaire. Le tableau ci-dessous présente les signes et l'élément qui leur est associé.

Signe	Élément
Bélier	Feu
Taureau	Terre
Gémeaux	Air
Cancer	Eau
Lion	Feu
Vierge	Terre
Balance	Air
Scorpion	Eau
Sagittaire	Feu
Capricorne	Terre
Verseau	Air
Poissons	Eau

Les signes de feu, de terre, d'air et d'eau

Nous allons à présent nous intéresser de plus près aux associations élément/signe. Vous savez que les douze signes sont divisés en quatre catégories élémentaires : le feu, la terre, l'air et l'eau. Chacun de ces éléments généraux possède des caractéristiques propres. Ainsi, même si le Bélier, le Lion et le Sagittaire sont des signes très différents, ils possèdent des points communs et partagent la même énergie enflammée.

Comme vous avez pu le constater, les douze signes du zodiaque sont tous présents dans n'importe quel thème (dans la roue la plus externe). Les signes « dominent » les douze maisons, qui désignent tous les aspects de la vie. Il vaut donc la peine de bien connaître tous les signes, même si aucune de vos planètes ne s'y trouve.

Mots-clés : la description des groupes élémentaires ci-dessous se termine par une liste de mots-clés résumant chaque élément. Les mots-clés sont essentiels en astrologie, et vous en retrouverez tout au long de ce livre. Essayez de les intégrer au fur et à mesure de votre lecture.

Les signes de feu - Bélier, Lion et Sagittaire

Ces signes sont de véritables piles électriques : les personnes qui mettent l'ambiance dans une fête et attirent l'attention. Cela ne signifie pas qu'il soit nécessaire d'être un signe de feu pour rayonner, mais que ce type de comportement se retrouve souvent chez les signes de feu. Même si votre signe solaire n'est pas un signe de feu, certaines de vos planètes sont elles aussi habitées par l'énergie créative du feu.

Le Bélier, le Lion et le Sagittaire sont certes très différents, mais il s'agit de trois signes flamboyants et qui ont le sang chaud ! Où que l'élément feu se trouve dans votre thème - par exemple, si une de vos planètes se trouve dans un signe de feu, ou qu'un signe de feu domine une de vos maisons -, il y a des chances pour que vous soyez tout sauf passif. Les signes de feu brûlent d'une passion enflammée et se consument vite et intensément.

Les signes de feu ont un tempérament qui s'enflamme aussi vite qu'il s'éteint. Dans un thème, un signe de feu désigne aussi une quête ou une ambition passionnée, cette partie de nous qui peut tout faire et demeure en perpétuelle ébullition, dans l'action, cherchant à agir rapidement.

Mots-clés : feu, chaleur, ce qui vous consume !

Les signes de terre – Taureau, Vierge et Capricorne

Il s'agit de signes solides, forts et fiables, qui ont moins besoin de se faire remarquer et d'être au centre de l'attention que les signes de feu. Il s'agit de signes terre-à-terre, et leur emplacement dans votre thème – par exemple, si une de vos planètes se trouve dans un signe de terre, ou qu'un signe de terre domine une de vos maisons – désigne les domaines où vous serez solide comme un roc. La terre est l'élément patient qui sait que les bonnes choses prennent du temps. Là où votre thème prend la couleur de la terre – notamment si votre signe solaire est un signe de terre –, vous savez que patience et longueur de temps font plus que force ni que rage.

À l'instar de la Terre dont il porte le nom, cet élément nourrit, rend service et permet à de bonnes choses d'émerger en leur apportant son soutien. Pensez à notre planète et à toute la vie qu'elle sustente, discrètement et sans demander grand-chose en retour : voilà l'énergie de l'élément terre. Il est aussi très sensuel, voire assez tactile. L'emplacement de l'élément terre dans votre thème (qu'une de vos planètes soit dans un signe de terre ou qu'un signe de terre domine une de vos maisons) désigne les domaines où vous souhaitez que tout soit réel, sincère et naturel. L'élément terre refuse d'être hypocrite ou de mentir, même si les autres éléments cherchent à se mettre en avant ou s'abandonnent au laisser-aller.

Mots-clés : les mots et les idées liés à la terre, tels que terre-à-terre ; solidement ancré sur ses pieds ; aide à grandir.

Les signes d'air - Gémeaux, Balance et Verseau

Comme le vent, cet élément est un peu mystérieux. Les personnes dont le thème est marqué par une forte présence de l'air (avec, par exemple, plusieurs planètes dans des signes d'air) sont plus difficiles à cerner. Elles peuvent s'échapper au gré du vent. Ce sont des personnes pleines d'idées et qui adorent en discuter, y penser et les échanger. Elles vivent dans le royaume de l'intellect, où elles sont heureuses. Quelque part, elles semblent moins soucieuses de se conformer aux règles de la société, et cette énergie tout en légèreté vous accompagne dans les domaines de votre thème dominés par un signe d'air. L'élément air se soucie moins des sentiments.

Cette incroyable légèreté constitue d'ailleurs un des défis auxquels on doit faire face lorsqu'on a un thème fortement marqué par l'énergie de l'air (par exemple, quand plusieurs planètes se trouvent dans un signe d'air) : il ne faut pas oublier d'ancrer cette énergie pour s'assurer de ne pas devenir inaccessible ou de ne pas vivre exclusivement dans sa tête. C'est un élément très vif qui donne des personnes très distrayantes. Les signes d'air ne se montrent jamais durs, ou alors très légèrement... Ils peuvent être d'un rationalisme et d'un pragmatisme incisifs !

Mots-clés : toute chose aérienne comme les pensées ; les légères hallucinations ; le bavardage et la fugacité.

Les signes d'eau - Cancer, Scorpion et Poissons

Il s'agit de l'élément émotif et rêveur. Les signes d'eau ressentent tout très profondément. Impossible de demander à un signe d'eau comment il se sent sans obtenir une réponse qui vous touche viscéralement, du moins la plupart du temps. Où que vous ayez de l'eau dans votre thème (par exemple, si une planète se trouve dans un signe d'eau ou qu'un signe d'eau domine une de vos maisons), vous ressentirez les choses en profondeur, vous serez sans doute plus difficile à atteindre, davantage connecté à vos émotions, et généralement plus émotif.

Il s'agit des trois signes les plus en retrait du zodiaque, ce qui est parfois le cas des personnes dont le signe solaire est un signe d'eau. Il ne s'agit pas de celles qu'on remarque en premier à une fête, et pourtant elles peuvent s'avérer être celles avec lesquelles on aura les conversations les plus profondes.

Elles possèdent aussi un caractère protecteur, et se révèlent souvent plus fortes qu'on ne le soupçonnait. L'élément eau fera tout ce qui est en son pouvoir pour annihiler toute menace envers lui ou ce qu'il aime. L'eau est plus sentimentale et tendre que les autres éléments. Les signes d'eau sont loin d'être des chiffes molles, mais ils ont effectivement un côté doux, du moins sur les bords.

Mots-clés : l'eau, être liquide ; les émotions et les rêves ; doux, mais parfois un peu brusque.

Les éléments dans votre thème

Dans le chapitre 2, vous avez identifié les signes où se trouvent vos planètes. Regardez à présent s'il s'agit de signes de feu, de terre, d'air ou d'eau. L'énergie du feu est-elle très présente dans votre thème ? Et qu'en est-il de l'eau, de l'air et de la terre ? Réalisez l'exercice suivant pour découvrir si un élément domine votre thème, et si oui, lequel.

Exercice d'application

Découvrez quel est l'élément dominant dans votre thème.

Pour cela, comptez simplement le nombre de planètes dans chaque élément, ou utilisez ce qu'on appelle le système à points et que les astrologues préfèrent, car il reflète davantage l'influence des planètes et des autres points de votre thème : les points les plus « personnels » (à savoir le Soleil, la Lune et l'ascendant) valent 2 points, et les autres seulement 1.

Par exemple :

Mon Soleil est en Lion – feu [2 points]

Ma Lune est en Verseau – air [2 points]

Mon ascendant est en Vierge – terre [2 points]

Ma Mercure est en Lion – feu [1 point]

Ma Vénus est en Vierge – terre [1 point]

Ma Mars est en Taureau – terre [1 point]

Ma Jupiter est en Verseau – air [1 point]

Ma Saturne est en Cancer – eau [1 point]

Mon Uranus est en Balance – air [1 point]

Ma Neptune est en Sagittaire – feu [1 point]

Ma Pluton est en Balance – air [1 point]

J'ai :

2 planètes + mon ascendant dans l'élément terre

4 planètes dans l'élément air

3 planètes dans l'élément feu

1 planète dans l'élément eau

Ou, avec le système à points :

Feu = 4 points

Terre = 4 points

Air = 5 points

Eau = 1 point

À vous...

Mon Soleil est en ________________ [2 points]

Ma Lune est en ________________ [2 points]

Mon ascendant est en ________________ [2 points]

Ma Mercure est en ________________ [1 point]

Ma Vénus est en ________________ [1 point]

Ma Mars est en ________________ [1 point]

Ma Jupiter est en ________________ [1 point]

Ma Saturne est en ________________ [1 point]

Mon Uranus est en ________________ [1 point]

Ma Neptune est en ________________ [1 point]

Ma Pluton est en ________________ [1 point]

Qu'avez-vous découvert ? Un élément est-il plus présent que les autres ? Notez le nombre de planètes présentes dans chaque élément pour savoir lequel domine votre thème.

J'ai ________________ planètes dans l'élément feu [X point(s)]

J'ai ________________ planètes dans l'élément terre [X point(s)]

J'ai ________________ planètes dans l'élément air [X point(s)]

J'ai ________________ planètes dans l'élément eau [X point(s)]

Les qualités (cardinal, fixe et mutable)

Les douze signes sont également divisés en trois groupes de quatre signes chacun qu'on appelle des quadruplicités (ou modes et modalités). Chaque quadruplicité désigne une qualité : cardinal, fixe ou mutable. On pourrait presque dire que les qualités trient les signes en type de personnalité. Il est vraiment très intéressant de bien les comprendre, et je vous recommande de les mémoriser le plus vite possible. Le tableau ci-dessous présente le groupe auquel appartient chaque signe.

Signe	Qualité
Bélier	Cardinal
Taureau	Fixe
Gémeaux	Mutable
Cancer	Cardinal
Lion	Fixe
Vierge	Mutable
Balance	Cardinal
Scorpion	Fixe
Sagittaire	Mutable
Capricorne	Cardinal
Verseau	Fixe
Poissons	Mutable

Les signes cardinaux, fixes et mutables

Voici un aperçu de ce que signifie être un signe cardinal, fixe ou mutable.

Les signes cardinaux

Ils sont excellents pour lancer des projets et se retrouvent souvent en position de leaders. Ils coïncident avec le début des quatre saisons.
Mots-clés : leaders ; prise d'initiatives ; confiants (parfois décrits comme autoritaires).

Les signes fixes

Il s'agit des personnes qui font preuve d'endurance, qui ont tendance à être… fixes !

Mots-clés : constants ; endurants ; patients (parfois décrits comme têtus).

Les signes mutables

Ils ont généralement tendance à suivre le mouvement, mais ont parfois du mal à aller au bout des choses.

Mots-clés : suiveurs ; mystérieux ; adaptables (parfois décrits comme facilement influençables).

Prenez un instant pour réfléchir à votre caractère et à celui des personnes que vous connaissez bien : est-ce qu'il correspond à la quadruplicité de votre/leur signe solaire ? Imaginez maintenant ce que peut donner une relation entre deux personnes de la même quadruplicité. Dans ma famille, par exemple, nous sommes trois signes cardinaux et effectivement, nous voulons tous être le chef ! Heureusement, d'autres planètes de notre thème interagissent et s'unissent plus harmonieusement.

Les qualités dans votre thème

Il est temps à présent de découvrir les qualités, ou quadruplicités, présentes dans votre thème – autrement dit, quelle planète est associée à quelle qualité, et quelle qualité domine.

Exercice d'application

Découvrez quelle qualité domine dans votre thème.

Pour cela, comptez simplement le nombre de planètes dans chaque qualité, ou utilisez le système à points. Dans ce dernier, le Soleil, la Lune et l'ascendant valent 2 points et les autres planètes 1 point.

Par exemple :

Mon Soleil est en Lion – fixe [2 points]

Ma Lune est en Verseau – fixe [2 points]

Mon ascendant est en Vierge – mutable [2 points]

Ma Mercure est en Lion – fixe [1 point]

Ma Vénus est en Vierge – mutable [1 point]

Ma Mars est en Taureau – fixe [1 point]

Ma Jupiter est en Verseau – fixe [1 point]

Ma Saturne est en Cancer – cardinal [1 point]

Mon Uranus est en Balance – cardinal [1 point]

Ma Neptune est en Sagittaire – mutable [1 point]

Ma Pluton est en Balance – cardinal [1 point]

J'ai :

3 planètes dans des signes cardinaux

5 planètes dans des signes fixes

2 planètes + mon ascendant dans des signes mutables

Ou avec le système à points :

Cardinaux : 3 points

Fixes : 7 points

Mutables : 4 points

À vous...

Mon Soleil est en ________________________________ [2 points]

Ma Lune est en ________________________________ [2 points]

Mon ascendant est en ______________________________ [2 points]

Ma Mercure est en ______________________________ [1 point]

Ma Vénus est en ______________________________ [1 point]

Ma Mars est en ______________________________ [1 point]

Ma Jupiter est en ______________________________ [1 point]

Ma Saturne est en ______________________________ [1 point]

Mon Uranus est en ______________________________ [1 point]

Ma Neptune est en ______________________________ [1 point]

Ma Pluton est en ______________________________ [1 point]

Qu'avez-vous découvert ? Une qualité domine-t-elle votre thème ? Notez le nombre de planètes dans chaque qualité pour découvrir celle qui domine :

J'ai ______________________________ planètes cardinales [X points]

J'ai ______________________________ planètes fixes [X points]

J'ai ______________________________ planètes mutables [X points]

Les polarités (yang/yin)

Les polarités constituent la dernière partie du système de classification des douze signes. Elles sont mieux connues sous les noms de yin et yang.

- Les signes de feu et d'air sont positifs, ou yang.
- Les signes de terre et d'eau sont négatifs, ou yin.

Les polarités dans votre thème

Cette classification ne correspond pas à un jugement de valeur, où le positif serait meilleur que le négatif. Elle signifie en fait que les signes positifs sont des énergies extraverties, plus masculines et conquérantes alors que les signes négatifs sont plus introvertis, et probablement plus doux et féminins. Les signes positifs cherchent et trouvent alors que les signes négatifs attirent et retiennent (si vous voulez éviter d'utiliser les termes « positif/négatif » pour le yang et le yin, vous pouvez les remplacer par « extraverti/introverti »).

Complétez l'exercice suivant pour découvrir l'équilibre des polarités dans votre thème.

Exercice d'application

Découvrez quelle polarité domine votre thème.

Pour cela, comptez simplement le nombre de planètes dans chaque polarité ou utilisez le système à points. Dans ce dernier, le Soleil, la Lune et l'ascendant valent 2 points et les autres planètes un seul.

Par exemple :

Mon Soleil est en Lion – yang [2 points]

Ma Lune est en Verseau – yang [2 points]

Mon ascendant est en Vierge – yin [2 points]

Ma Mercure est en Lion – yang [1 point]

Ma Vénus est en Vierge – yin [1 point]

Ma Mars est en Taureau – yang [1 point]

Ma Jupiter est en Verseau – yang [1 point]

Ma Saturne est en Cancer – yin [1 point]

Mon Uranus est en Balance – yang [1 point]

Ma Neptune est en Sagittaire – yang [1 point]

Ma Pluton est en Balance – yang [1 point]

J'ai :

2 planètes + mon ascendant dans des signes yin

8 planètes dans des signes yang

Ou avec le système à points :

Planètes yin = 4 points

Planètes yang = 10 points

À vous...

Mon Soleil est en ________________________ [2 points]

Ma Lune est en ________________________ [2 points]

Mon ascendant est en ________________________ [2 points]

Ma Mercure est en ________________________ [1 point].

Ma Vénus est en ________________________ [1 point].

Ma Mars est en ________________________ [1 point].

Ma Jupiter est en ________________________ [1 point].

Ma Saturne est en ________________________ [1 point].

Mon Uranus est en ________________________ [1 point].

Ma Neptune est en ________________________ [1 point].

Ma Pluton est en ________________________ [1 point].

Qu'avez-vous découvert ? Une qualité domine-t-elle votre thème ? Notez le nombre de planètes dans chaque qualité pour découvrir celle qui prévaut chez vous :

J'ai ________________________ planètes yin [X point(s)]

J'ai ________________________ planètes yang [X point(s)]

Le tableau ci-dessous résume le système de classification des douze signes.

Signe	Élément	Qualité	Polarité
Bélier	Feu	Cardinal	Yang (positif)
Taureau	Terre	Fixe	Yin (négatif)
Gémeaux	Air	Mutable	Yang (positif)
Cancer	Eau	Cardinal	Yin (négatif)
Lion	Feu	Fixe	Yang (positif)
Vierge	Terre	Mutable	Yin (négatif)
Balance	Air	Cardinal	Yang (positif)
Scorpion	Eau	Fixe	Yin (négatif)
Sagittaire	Feu	Mutable	Yang (positif)
Capricorne	Terre	Cardinal	Yin (négatif)
Verseau	Air	Fixe	Yang (positif)
Poissons	Eau	Mutable	Yin (négatif)

Voici une représentation illustrée de ce même système.

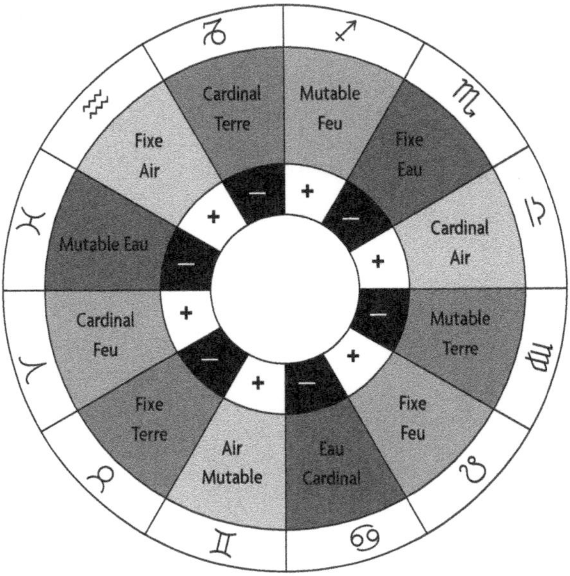

Schéma 4 : la classification des douze signes

RÉSUMÉ

Dans ce chapitre, vous avez appris de nouvelles informations sur les caractéristiques des signes du zodiaque. J'espère que vous pouvez d'ores et déjà constater que l'astrologie est un sujet bien plus complexe qu'il en a l'air à première vue. Les signes astrologiques ne sont pas un simple concept unidimensionnel, ils comportent des sous-classifications qui les définissent en de multiples subtilités : les éléments (feu, terre, air et eau), les qualités (cardinal, fixe et mutable) et les polarités (yin et yang).

Il n'existe pas deux signes avec la même association élément/qualité/polarité ; ainsi, chaque signe constitue une combinaison et une expression uniques de son élément, de sa qualité et de sa polarité.

Chapitre 4

À la découverte des planètes

Pour l'instant, vous avez appris à identifier les glyphes des dix planètes utilisées en astrologie, et à les repérer pour découvrir l'emplacement des planètes de votre thème natal. Vous savez également dans quel signe du zodiaque se trouvent ces dernières, et donc dans quel élément, quelle qualité et quelle polarité. Nous allons à présent nous intéresser davantage aux planètes elles-mêmes : les personnages qui donnent vie à votre thème.

Les planètes internes et externes

Le mot planète signifie « vagabond » – en effet les planètes sont en perpétuel mouvement. Pendant leur voyage autour du Soleil, elles traversent successivement les douze signes du zodiaque à un rythme très différent et que l'on peut anticiper.

- **Les planètes internes** – le Soleil, la Lune, Mercure, Mars et Vénus. Elles parcourent l'horoscope assez rapidement et peuvent donc se retrouver dans un signe totalement différent chez des personnes nées à quelques jours d'intervalle.
- **Les planètes externes** – Jupiter, Saturne, Neptune, Uranus et Pluton. Elles se déplacent beaucoup plus lentement (voir

la liste ci-dessous). Ainsi, deux personnes nées à deux ans d'écart peuvent tout à fait se retrouver avec leur Saturne dans le même signe (notez que même si les astronomes ont récemment déclassé Pluton au statut de planète naine, les astrologues la considèrent encore comme une vraie planète).

Voici le temps que met chaque planète à parcourir le zodiaque :

Le Soleil - 1 an

La Lune - 27,33 jours

Mercure - une rotation prend environ 88 jours. Notez qu'en raison de son mouvement rétrograde (expliqué dans le chapitre 10), Mercure met à peu près 1 an à parcourir le zodiaque. Elle reste dans le même signe entre 14 et 30 jours. Mercure ne se trouve jamais à plus de 28 degrés du Soleil.

Vénus - une rotation prend environ 225 jours. Vénus rétrograde tous les 18 mois à peu près, et met donc approximativement 1 an à traverser le zodiaque. Vénus ne se trouve jamais à plus de 48 degrés du Soleil.

Mars - une rotation prend environ 687 jours. Mars reste dans le même signe pendant environ 2 mois, sauf quand elle rétrograde (voir chapitre 10).

Jupiter - environ 12 ans

Saturne - environ 29 ans

Uranus - environ 84 ans

Neptune - environ 165 ans

Pluton - environ 248 ans

Notez que les planètes mettent environ 26 000 ans pour se retrouver dans la même configuration qu'à une date antérieure. Ainsi, à l'exception des personnes nées exactement au même endroit que vous et à seulement quelques minutes d'écart, personne n'aura le même thème que vous avant 26 000 ans. L'emplacement des planètes au moment de votre naissance constitue votre horoscope, désignant la personnalité, les atouts et les difficultés qui sont venus au monde en même temps que vous.

En astrologie, les planètes représentent les différentes parties de notre personnalité. Par exemple, le Soleil est la partie qui aime rayonner et se mettre en avant, Vénus celle qui aime et qui dépense de l'argent et Mars celle qui se dispute.

Les planètes générationnelles

Comme nous l'avons expliqué plus haut, Uranus, Neptune et Pluton se déplacent très lentement - Pluton reste par exemple entre 14 et 30 ans dans chaque signe. Ces planètes façonnent donc des générations entières et, par conséquent, sont souvent appelées des « planètes générationnelles ». On parle par exemple de la génération de Pluton en Lion (de 1939 à 1957), qui nous a apporté le rock and roll et les manifestations pacifiques.

Vous pourrez étudier davantage les planètes générationnelles si vous décidez d'approfondir vos connaissances astrologiques, mais, en quelques mots, et pour reprendre ce que j'ai déjà dit plus haut, les planètes internes se déplacent plus vite dans l'horoscope et varient d'une personne à l'autre, même si elles ne sont nées qu'à quelques jours ou quelques semaines d'écart. Les planètes générationnelles, elles, sont plus lentes et modèlent des générations entières, puisqu'elles changent de signe moins fréquemment.

Par exemple, votre Soleil pourrait se trouver en Verseau, votre Mercure en Poissons et votre Vénus en Capricorne, et un ami né quelques semaines après vous pourrait avoir son Soleil en Poissons et sa Mercure et sa Vénus en Bélier. En revanche, il est tout à fait possible que vos Saturne, vos Uranus, vos Neptune et vos Pluton partagent le même signe. Neptune, par exemple, met 165 ans pour parcourir le zodiaque, il y a donc une forte probabilité qu'une personne née entre 5 et 10 ans avant ou après vous ait sa Neptune dans le même signe (et donc le même élément) que vous.

Regarder les étoiles

Si vous avez la chance de vivre dans un endroit où la nuit est assez noire pour voir le ciel étoilé, profitez-en. Sortez contempler les étoiles et les planètes. Mercure, Vénus, Mars, Jupiter et Saturne sont visibles à l'œil nu. Les étoiles scintillent, mais pas les planètes. Mieux encore : rendez-vous dans un observatoire pour y regarder les étoiles grâce à un puissant télescope. Il existe également d'excellentes applications (par exemple *Starwalk*) qui permettent d'identifier les planètes quand vous pointez votre téléphone vers le ciel.

En se lançant dans l'astrologie, on perd parfois de vue que les planètes ne sont pas que des symboles théoriques, mais bel et bien des astres dans le ciel. Je vous recommande fortement de sortir la nuit, de voir ce que vous pouvez, et de simplement ressentir l'extraordinaire sensation du rayonnement céleste. Comme vous le savez probablement, nous sommes faits de poussière d'étoiles ! Je vous recommande également de suivre des cours d'astronomie pour débutants, si vous décidez de vraiment vous lancer dans l'astrologie. Cela vous sera très utile.

La signification des planètes

Voici une brève description des caractéristiques et des traits généraux des dix planètes utilisées dans l'astrologie moderne et avec lesquelles nous travaillerons pour décoder votre horoscope. Après avoir lu et intégré toutes les descriptions, prenez votre thème et suivez les instructions de l'exercice d'application.

Notez que nous utiliserons, encore une fois, des mots-clés pour décrire les planètes. Pendant votre lecture, essayez de les ressentir et de les mémoriser. Ces mots-clés résument ce que les planètes représentent ou « font » dans un thème. Par exemple, Mercure est la planète de la communication qui détermine notre façon de parler et d'écouter, Vénus est la planète de l'amour qui détermine notre façon d'aimer, etc.

Chaque planète possède également une expression positive et négative. Prenez par exemple le Soleil : la planète de la confiance. Si votre état d'esprit est positif et que vous profitez de la vie (c'est-à-dire que vous « vivez positivement »), vous brillerez de mille feux ; tandis que si vous vous trouvez dans un état d'esprit négatif (c'est-à-dire que vous « vivez négativement »), votre confiance pourrait bien se muer en arrogance. Notez que certains mots-clés vous sembleront de plus en plus clairs à mesure que vous avancerez dans votre apprentissage de l'astrologie, et que vous vous lancerez dans les prédictions.

Le Soleil ☉

Vécu positivement : le Soi ; l'image de soi ; la volonté

Vécu négativement : l'ego ; la vanité ; l'*égoïsme*

Voilà en quelques mots ce que gouverne votre signe solaire. Votre Soleil représente votre essence, le Soi, l'ego. Il désigne votre niveau de confiance en vous et ce qui aura de l'importance pour vous dans cette vie. De bien des façons, il constitue la force motrice de votre thème. Après tout, il s'agit du centre du système planétaire, qui offre lumière et vie. Il est héroïque et aime se placer sur le devant de la scène.

Dans un thème, l'emplacement (le signe ou la maison) du Soleil nous en apprend beaucoup sur la raison de notre présence sur Terre. Il désigne aussi les domaines où l'on excelle, et de quelle manière. En en découvrant davantage sur votre Soleil, vous en découvrez davantage sur vous ! Il révèle également nos préoccupations principales.

Où se trouve votre Soleil ?

Vous avez déjà localisé votre Soleil et noté l'élément où il se trouve. En d'autres termes, vous savez si votre Soleil est un signe de feu (Bélier, Lion ou Sagittaire), un signe de terre (Taureau, Vierge ou Capricorne), un signe d'air (Gémeaux, Balance ou Verseau) ou un signe d'eau (Cancer, Scorpion ou Poissons). Voici un aperçu de l'influence des éléments sur votre signe solaire :

- **Signe de feu** : vous ne manquez pas de fougue ! Les signes de feu sont absolument captivants.
- **Signe de terre** : vous êtes sans doute plus terre-à-terre.
- **Signe d'air** : vous vivez très certainement davantage dans votre tête que dans votre cœur.
- **Signe d'eau** : vous êtes émotif, sentimental et peut-être bien un peu pot de colle.

À lui seul, le signe solaire donne accès à une foule d'informations, le Soleil désignant ce qui est important pour nous dans cette vie. C'est d'ailleurs une des nombreuses raisons pour lesquelles ce que vous pouvez lire dans les journaux et les magazines sur votre signe solaire (ou la maison où il se trouve) se révèle souvent exact : le Soleil est une partie cruciale et centrale du thème natal. Si vous souhaitez connaître le but de votre vie grâce à votre horoscope, le Soleil est un des indicateurs à prendre en compte : il vous en dira long sur celui ou celle que vous êtes réellement.

Les mots-clés du Soleil : qui je suis vraiment ; les domaines où j'excelle ; ce qui compte le plus pour moi dans cette vie ; mon individualité ; ma témérité ; mon côté masculin/yang.

Pour interpréter le signe où se trouve votre Soleil, rendez-vous page 75. Vous y trouverez les caractéristiques principales des différents signes : votre Soleil dégage la personnalité du signe où il se trouve.

Exercice d'application

Sur votre thème, tracez une flèche vers le glyphe du Soleil et, à côté, écrivez « celui/celle que je suis vraiment ».

La Lune ☾

Vécue positivement : l'émotion ; l'éducation ; l'instinct

Vécue négativement : l'indigence ; la morosité ; la timidité

La plupart des gens ne connaissent que leur signe solaire. Et pourtant, connaître son signe lunaire offre une multitude d'informations sur soi-même. La Lune est davantage tournée vers notre nature interne, elle désigne ce dont on a besoin. N'est-il pas plus facile de l'obtenir en sachant ce dont il s'agit ?

Regardez le signe et la maison où se trouve la Lune d'un de vos proches : vous comprendrez tout de suite mieux ce dont il a besoin. Pouvez-vous le lui offrir ? Dans un thème, la Lune désigne aussi le foyer, l'enfance, la relation avec la mère, ce qui nourrit l'âme, les sentiments, l'inconscient et l'instinct.

Dans votre thème, le signe et la maison où se trouve la Lune révèlent vos pensées, vos rêves. Qu'est-ce qui vous rassure ? Comprendre sa Lune permet de comprendre ses besoins. La Lune est mystérieuse, voire un tantinet occulte. Elle règne également sur la réceptivité, la fertilité, la féminité, la Déesse, les cycles et les humeurs. De tous les corps célestes que nous étudierons, elle est de loin celui qui change le plus souvent de signe.

Où se trouve votre Lune ?

Votre Lune se trouve-t-elle dans un signe de feu (Bélier, Lion ou Sagittaire), de terre (Taureau, Vierge ou Capricorne), d'eau (Cancer, Scorpion ou Poissons) ou d'air (Gémeaux, Balance ou Verseau) ? Voici un aperçu de l'influence des éléments sur votre signe lunaire :

- **Signe de feu** : vous ressentez des émotions passionnées.
- **Signe de terre** : vous êtes constant dans vos émotions.
- **Signe d'air** : vous devez peut-être faire davantage d'efforts pour vous connecter à vos émotions.
- **Signe d'eau** : vous êtes très émotif.

Les mots-clés de la Lune : ce dont j'ai besoin ; ce qui nourrit mon âme ; ma relation avec ma mère ; mon côté yin/féminin ; mes sentiments ; ma sensibilité ; mon intuition ; mon instinct ; ma sécurité émotionnelle (ou son absence) ; mon subconscient ; ma mémoire et mon imagination ; mon côté maternel protecteur ; ma vie de famille.

Interprétez le signe et la maison où se trouve votre Lune en consultant les paragraphes *La Lune à travers les signes* et *La Lune à travers les maisons*, pages 198-204.

Exercice d'application

Sur votre thème, tracez une flèche vers le glyphe de la Lune et, à côté, écrivez « ce dont j'ai besoin et ce que je ressens ».

Mercure ☿

Vécue positivement : la communication ; l'intelligence ; les échanges d'idées

Vécue négativement : le bavardage ; la superficialité ; l'incohérence

Mercure est la planète de la communication. Chaque fois que vous ouvrez la bouche pour parler, que vous écrivez quelque chose - du SMS au roman - ou encore que vous réfléchissez ou écoutez quelqu'un, vous utilisez votre Mercure. Planète de l'esprit, elle est responsable de votre façon de parler, d'écrire, de vous exprimer en général et de recevoir des informations. Elle guide vos processus intellectuels. Dans un thème, savoir dans quel signe et dans quelle maison se trouve Mercure permet de comprendre la façon dont on pense, dont on s'exprime, et même dont on mène des négociations.

Mercure est aussi la planète des transports, des courts voyages et des trajets quotidiens. Elle règne sur les échanges et le commerce, et domine notre vivacité, nos pensées, notre soif de savoir ainsi que notre désir et notre capacité à apprendre. Vos pensées sont-elles rapides ? Aimez-vous analyser les choses ? Apprenez-vous vite ? Savez-vous garder un secret ? Vous pourrez répondre à toutes ces questions en vous intéressant à votre Mercure.

Mercure est aussi surnommée la planète vif-argent et farceuse. Vous comprendrez mieux votre débit de paroles plus ou moins rapide, votre propension à trop réfléchir ou encore votre incapacité à prendre une décision en regardant du côté de Mercure.

Où se trouve votre Mercure ?

Votre Mercure se trouve-t-elle dans un signe de feu (Bélier, Lion ou Sagittaire), de terre (Taureau, Vierge ou Capricorne), d'eau (Cancer, Scorpion ou Poissons) ou d'air (Gémeaux, Balance ou Verseau) ? Voici un aperçu de l'influence des éléments sur votre Mercure :

- **Signe de feu** : vous parlez sans doute sans réfléchir.
- **Signe de terre** : vous êtes très doué pour faire passer vos messages de façon très raisonnée.
- **Signe d'air** : vous penchez plutôt vers l'intellectualisme.
- **Signe d'eau** : vous relevez les signaux silencieux et analysez le langage corporel.

Les mots-clés de Mercure : la façon dont je parle et dont je me connecte mentalement ; mes idées ; ma façon d'écouter et d'échanger des idées ; les transports ; mes mécanismes d'apprentissage ; mon degré de rationalité ; ma vivacité.

Interprétez le signe et la maison où se trouve votre Mercure en consultant les paragraphes *Mercure à travers les signes* et *Mercure à travers les maisons*, pages 205-209.

Exercice d'application

Sur votre thème, tracez une flèche vers le glyphe de Mercure et, à côté, écrivez « ma façon de communiquer ».

Vénus ♀

Vécue positivement : l'amour ; la tendresse ; la bienveillance

Vécue négativement : la paresse ; la manipulation ; l'absence de volonté

Vénus est la planète de la romance et de la prospérité, la planète de l'amour ! C'est elle qui vous guide quand vous flashez sur quelqu'un, quand vous tombez amoureux et quand une personne ou une chose vous manque profondément.

Les histoires de cœur dépendent donc de cet astre aussi beau et doux que bienveillant. Vénus est la planète du plaisir, de la bonté et des caresses, mais aussi des petites gourmandises comme les sous-vêtements en dentelle et les sucreries. Dans sa forme la plus élevée, Vénus crée des relations parfaites et idéales. Savoir si vous vous entendez plus ou moins bien avec les autres dépend pour beaucoup de votre Vénus. Il en va de même pour la façon dont vous tombez amoureux.

Vénus est aussi la planète de l'attraction. Elle désigne les choses et les personnes que l'on aime. Dans un thème, connaître le signe et la maison où se trouve Vénus donne accès au cœur de son propriétaire (pour ce qui est de réussir à y entrer, cela dépendra de votre propre thème et de s'il s'accorde bien avec le sien). Vénus règne également sur l'esthétique et notre appréciation de ce qu'il y a de plus raffiné dans la vie, comme l'art et la musique. Planète de la beauté et du luxe, la richesse et les partenariats relèvent aussi de son rayon d'action.

Notez toutefois qu'une personne dont la Vénus serait en Verseau aura sans doute beaucoup moins envie d'être caressée qu'une personne dont la Vénus serait en Cancer. Vous comprendrez mieux ces subtilités une fois que nous aurons reparlé des associations entre les signes et les planètes. L'érotisme relève également de Vénus, et bien la connaître vous permettra de savoir ce que vous recherchez chez un amant.

Dans un thème, la maison et le signe où se trouve Vénus donnent d'inestimables informations sur la façon de séduire son propriétaire. La dévotion, la connexion, l'harmonie, la compréhension et le désir sont également des termes vénusiens. Vénus est la planète qui nous connecte au Divin féminin. Elle vous montre ce que vous inspirent l'amour et les relations.

Où se trouve votre Vénus ?

Voici un aperçu de l'influence des éléments sur votre Vénus :

- **Signe de feu** : vous tombez vite amoureux.
- **Signe de terre** : vous êtes généralement très fidèle et honnête.
- **Signe d'air** : vous pouvez être très romantique, mais vous avez tendance à être un peu fuyant en amour. Vous y réfléchissez plus que vous ne l'éprouvez.
- **Signe d'eau** : vous êtes souvent mièvre, et sentimental à l'excès !

Les mots-clés de Vénus : ma façon d'aimer et ceux que j'aime ; mon idée de la romance ; mon côté plus doux ; ce que je considère comme luxueux ; ma façon de flirter, d'attirer l'abondance ou mes partenaires, de créer de l'harmonie, d'exprimer mon affection, de me montrer sociable et de trouver le plaisir.

Interprétez le signe et la maison où se trouve votre Vénus en consultant les paragraphes *Vénus à travers les signes* et *Vénus à travers les maisons*, pages 209-212.

Exercice d'application

Sur votre thème, tracez une flèche vers le glyphe de Vénus et, à côté, écrivez « ce que j'aime, et de quelle manière ».

Mars ♂

Vécue positivement : la détermination ; le courage ; l'action

Vécue négativement : la rage ; la brutalité ; l'impertinence

Mars est la planète du sexe. Bien qu'elle fonctionne grâce à la testostérone, elle est présente dans le thème des hommes et des femmes. Sans elle, on ne ferait pas grand-chose ; elle représente notre carburant, notre fusée, notre détermination et notre moteur. Jetez un œil à votre Mars.

Mars règne aussi sur la libido, ce que vous trouvez excitant et la façon dont vous obtenez ce que vous voulez : est-ce que tout doit se passer selon vos exigences ? Prenez-vous les problèmes de côté ? Faites-vous des scènes ? Êtes-vous parfois un peu sournois ? Le signe où se trouve votre Mars vous donnera des indications sur la manière dont vous pourchassez vos objectifs. En effet, Mars est la planète de la poursuite : que pourchassez-vous dans la vie ? Mars vous montrera ce que vous cherchez, et comment l'obtenir.

Mars est la planète du désir et de l'action. Les comportements agressifs, la concupiscence, la colère et même la grossièreté relèvent de ses caractéristiques, qui seront accentuées ou atténuées selon le signe et la maison où elle se trouve dans votre thème. Partenaire « zodiacal » de Vénus, Mars est probablement la plus masculine des planètes.

Où se trouve votre Mars ?

Voici un aperçu de l'influence des éléments sur votre Mars :

- **Signe de feu** : vous avez de la chance ! Mars vous encourage à avancer, mais attention à ne pas trop vous en demander, vous risquez de vous épuiser.

- **Signe de terre** : voilà un formidable emplacement ! Vous bénéficiez de l'endurance nécessaire pour courir un marathon ou passer une nuit blanche à travailler sans en faire tout un plat.

- **Signe d'air** : vous jouissez d'un équilibre très sain entre l'énergie fougueuse de Mars et celle de l'air, qui lui permet de respirer. Généralement, les signes d'air débordent d'une énergie positive.
- **Signe d'eau** : voilà qui risque de vous donner du fil à retordre : Mars veut foncer tête baissée tandis que l'énergie de l'eau est beaucoup plus zen. Cet élément peut tempérer le feu martien.

Les mots-clés de Mars : la façon dont je poursuis mes objectifs, dont j'argumente ; mon rythme ; mon niveau de détermination, de motivation, d'impertinence, de colère ; ma libido ; mon degré de compétitivité, d'énergie sexuelle et d'énergie en général ; la façon dont j'exprime ma colère et ma volonté.

Interprétez le signe et la maison où se trouve votre Mars en consultant les paragraphes *Mars à travers les signes* et *Mars à travers les maisons*, pages 212-214.

Exercice d'application

Sur votre thème, tracez une flèche vers le glyphe de Mars et, à côté, écrivez « la façon dont j'obtiens ce que je veux ».

Jupiter ♃

Vécue positivement : la foi ; l'excitation ; l'aventure ; la joie

Vécue négativement : l'abus ; la prétention ; l'arrogance ; le risque

On appelle parfois Jupiter le « Grand Bénéfique », ce qui signifie en gros que tout ce que touche Jupiter est béni. Dans un thème, s'intéresser à Jupiter revient à s'intéresser au porte-bonheur que l'on a reçu à la naissance. Planète de l'amplification, Jupiter vous offre la confiance nécessaire pour croire en vous.

Jupiter est aussi la planète de la joie, de la liberté et de l'aventure, capable de prendre du recul. Elle vous donne foi en vous et dans le cosmos. Dans un thème, Jupiter désigne les domaines où l'on tente sa chance et où l'on saisit les opportunités : cette énorme planète aide à évoluer. Son emplacement indique également les domaines où l'on aime s'amuser.

Notez que Jupiter a deux facettes : la première est semblable à un père Noël joyeux et gai, tandis que la seconde s'intéresse davantage à la foi et à la recherche du sens de la vie. Peut-être le sens de la vie est-il d'être joyeux ?

La morale, la confiance et la chance – ou leur absence – relèvent également du champ d'action de Jupiter. Il n'est pas surprenant que les domaines où nous nous montrons confiants correspondent à ceux où nous sommes chanceux ! Jupiter peut aussi énormément exagérer, en faire beaucoup trop et confondre la confiance avec l'arrogance. Dans un thème, l'emplacement de Jupiter désigne les domaines où l'on peut tout aussi bien être célébré pour s'être montré formidable ou passer pour un petit prétentieux !

Où se trouve votre Jupiter ?

Voici un aperçu de l'influence des éléments sur votre Jupiter :

- **Signe de feu** : votre vie est sans doute marquée par une folle effervescence et de nombreuses scènes théâtrales.
- **Signe de terre** : vous êtes probablement très persévérant et avez des idées concrètes qui peuvent aussi s'avérer très lucratives.

- **Signe d'eau** : il est possible que vous soyez traversé par une multitude de sentiments, agréables ou difficiles, un peu de tout en somme !
- **Signe d'air** : vous avez sûrement plein de bonnes idées, jouissez d'une grande liberté de mouvement et d'une vie sociale bien remplie.

Les mots-clés de Jupiter : est-ce que je me sens chanceux, et est-ce que je le suis ? est-ce que je me sens optimiste ou béni ? mon degré de témérité et d'ouverture d'esprit ; ma philosophie de vie et mes perspectives : est-ce que je vois les choses en grand ou non ?

Interprétez le signe et la maison où se trouve votre Jupiter en consultant les paragraphes *Jupiter à travers les signes* et *Jupiter à travers les maisons*, pages 215-217.

Exercice d'application

Sur votre thème, tracez une flèche vers le glyphe de Jupiter et, à côté, écrivez « là où j'ai énormément de chance et/ou là où je suis béni ».

Saturne ♄

Vécue positivement : l'engagement ; la discipline ; l'intégrité ; la longévité

Vécue négativement : la peur ; les limites ; la dépression ; l'insensibilité

Saturne a la terrible réputation d'être la cheffe de corvée du zodiaque. Elle représente l'odeur désagréable de la réalité qui nous monte au nez : les faits irréfutables, et les leçons que l'on ne veut pas apprendre. Dans un thème, l'emplacement de

Saturne indique les domaines où vous devrez braver la tempête et travailler dur, et où la vie vous réserve de nombreuses leçons. Savoir dans quel signe et quelle maison elle se trouve permet au moins de savoir où vous attendre à des difficultés, et notez que tout obstacle surmonté est une leçon qui vous affine en un être plus évolué.

Saturne est la planète de la structure, des défis et des peurs ; elle règne aussi sur le travail et la discipline. Elle est la plus lente des planètes visibles à l'œil nu depuis la Terre. Froide et calculatrice, Saturne réclame son dû. On la surnommait autrefois la planète du karma, suivant la devise « on récolte ce que l'on sème ». Cette phrase vous fait-elle frissonner ? C'est à cause de Saturne. Accepter une leçon de Saturne revient à changer de comportement et à faire évoluer son karma !

Cependant, il ne s'agit là que d'une facette de Saturne. Son côté féminin s'apparente à la sagesse d'une vieille femme. Peu lui importe de ne plus être très belle, elle est au-dessus de ces considérations. Elle vous transmettra son savoir. Dans un thème, l'emplacement de Saturne désigne les domaines où l'on peut acquérir de la sagesse. Mettons par exemple que votre Saturne se trouve en maison 9, vous pourriez accéder à la sagesse en étudiant ou en voyageant.

Saturne est aussi synonyme de peur, notamment de la peur de manquer. Planète de la sagesse, elle affronte la vérité, est intègre et tient parole. L'emplacement de Saturne dans le thème désigne aussi l'endroit où se trouvent de nombreuses peurs. Saturne peut se montrer tyrannique : elle n'hésite pas à annoncer une mauvaise nouvelle et à imposer des limites dans les domaines qu'elle dirige. Peu importe que ces limites soient utiles ou pénibles : Saturne n'a pas peur d'être casse-pieds.

Où se trouve votre Saturne ?

Voici un aperçu de l'influence des éléments sur votre Saturne :

- **Signe de feu** : cet emplacement peut s'avérer frustrant : il se peut que la vie vous oblige à ralentir alors que vous voudriez foncer.
- **Signe de terre** : c'est sans aucun doute l'emplacement le plus facile à gérer, puisque les signes de terre n'ont pas de préjugés, et que Saturne ne laisse personne avoir de préjugés !
- **Signe d'air** : c'est une association parfaite pour les décisions à long terme et pour formuler des idées. Il est important que vous les laissiez jaillir.
- **Signe d'eau** : il s'agit d'un élément qui s'accorde difficilement avec Saturne. En effet, les signes d'eau veulent déverser leurs sentiments alors que Saturne est la planète des limites et des restrictions...

Les mots-clés de Saturne : les leçons que j'apprendrai dans cette vie ; mes peurs ; ce qui me rend triste, me déprime et me limite ; là où se trouvent les freins ; les domaines où je peux m'engager sur le long terme, où je suis supersolide ; mon niveau de patience, de conformisme, d'ambition et de responsabilité.

Interprétez le signe et la maison où se trouve votre Saturne en consultant les paragraphes *Saturne à travers les signes* et *Saturne à travers les maisons*, pages 218-221.

Exercice d'application

Sur votre thème, tracez une flèche vers le glyphe de Saturne et, à côté, écrivez « là où j'ai beaucoup à apprendre/ce qui me fait peur ».

Uranus ♅

Vécue positivement : le progrès, le changement, les surprises, les découvertes capitales ; le non-conformisme

Vécue négativement : le chaos ; le naufrage ; le manque de fiabilité ; la précipitation

Voici la planète rebelle et originale du zodiaque. Dans un thème, l'emplacement d'Uranus désigne le domaine où l'on souhaite se libérer, où l'on fait les choses à sa manière, où l'on ne se soucie pas vraiment de l'avis des autres, et où l'on peut fonctionner en autonomie. La liberté est un des mots-clés d'Uranus : elle ne supporte pas d'être entravée. L'emplacement de votre Uranus indique un domaine où vous aspirez à l'indépendance. Uranus est aussi la planète des coups de tonnerre et des retournements de situation.

Si votre Uranus occupe une place importante dans votre thème (en se trouvant par exemple sur votre ascendant ou au même endroit que votre Soleil), vous êtes probablement une personne surprenante et différente, dans le bon sens du terme. Uranus est la planète de la libération. Elle détruit les traditions et s'affranchit de l'autorité. En conséquence, elle est aussi la planète de la modernité – elle nous arrache au passé pour nous propulser vers l'avenir. Sans surprise, Uranus est aussi associée à l'anarchie et à l'imprévisibilité.

Uranus est la planète du chaos, et son emplacement dans un thème indique les domaines où l'on se comporte en électron libre.

Où se trouve votre Uranus ?

Les astrologues parlent moins d'Uranus à travers les éléments qu'à travers les signes où elle reste pendant des années. Toutes les personnes dont l'Uranus est en Vierge, par exemple, sont nées entre 1961 et 1969 ; Uranus est ensuite restée en Balance jusqu'en 1975.

Uranus désigne un domaine qui a connu un changement massif : la génération d'Uranus en Vierge, par exemple, a vu la naissance des hippies, du *flower power* et la montée en puissance des médecines et des pratiques alternatives, tandis que la génération d'Uranus en Balance a été témoin de l'avènement de l'« amour libre » et autres formes de contestation des relations conventionnelles.

À ce stade de votre voyage astrologique, vous devriez plutôt considérer la maison où se trouve votre Uranus. Nous nous intéresserons plus tard aux connexions entre Uranus et vos autres planètes. L'emplacement d'Uranus (sa maison) désigne un domaine où vous connaîtrez sans doute des changements radicaux et une grande excitation.

Les mots-clés d'Uranus : là où je veux être libre, où je suis libéré ou souhaite me libérer ; là où j'évolue et comment ; là où je suis original, inventif, imprévisible, impulsif et indomptable ; là où je coupe les ponts avec ce qui me retient pour prendre le large.

Interprétez le signe et la maison où se trouve votre Uranus en consultant les paragraphes *Uranus à travers les signes* et *Uranus à travers les maisons*, pages 222-225.

Exercice d'application

Sur votre thème, tracez une flèche vers le glyphe d'Uranus et, à côté, écrivez « là où je suis incontrôlable ».

Neptune ♆

Vécue positivement : l'éveil ; l'inspiration ; les rêves ; la connexion ; le mysticisme ; le sacrifice

Vécue négativement : l'absence de barrières ; l'abus de drogues ; l'hallucination ; la déception

Neptune est la planète des âmes sœurs, et qui inspire les rêves. Dans un thème, la maison où elle se trouve désigne le domaine où l'on idéalise la vie. Neptune est la planète du divin, mais aussi de la drogue et de l'alcool : comment ces trois aspects peuvent-ils s'associer ? Comprenez-le et vous comprendrez un peu mieux Neptune et l'astrologie. La vie est faite d'extrêmes, et entrer dans un état second relève du champ de Neptune. Prenez le spectre d'une transe où l'on croit avoir vu Dieu : à l'une de ses extrémités, vous avez le consommateur de drogues, et à l'autre, celui qui se connecte au divin à travers des méthodes plus classiques.

De la même façon, Neptune est la planète de la tromperie d'un côté, et celle des fantasmes et même des films de l'autre (après tout, Hollywood est un monde de fumée et de miroirs). Dans un thème, la maison où se trouve Neptune désigne le domaine où l'on peut être un visionnaire, un poète ou un artiste, ou encore un martyr. Cependant, elle peut tout aussi bien désigner un domaine où l'on se dissoudra totalement, comme une goutte d'eau dans l'océan. Neptune est à la fois la planète de la méditation et de l'éveil, et de l'addiction et des stupéfiants. L'idéalisation, les transes, l'esprit et le paranormal sont aussi des phénomènes neptuniens.

Où se trouve votre Neptune ?

Neptune étant elle aussi une planète générationnelle très lente, nous ne parlons pas de l'élément où elle se trouve, mais plutôt du signe et de la maison qu'elle occupe dans le thème. Par exemple, les personnes nées avec Neptune en Capricorne (de janvier 1984 à août 1998) sont des entrepreneurs bienveillants, Neptune étant la planète de la bienveillance et Capricorne le signe du business.

À l'inverse, la génération de Neptune en Verseau (de janvier 1998 à août 2011) est souvent désignée comme celle des esprits libres, Neptune étant la planète du mystique et Verseau le signe de l'universel. Vous pourrez creuser ces questions si vous décidez de poursuivre votre apprentissage astrologique. Pour l'instant, le plus important est de regarder dans quelle maison de votre thème se trouve Neptune : c'est là que réside votre potentiel pour l'inspiration. Nous nous intéresserons plus tard à la façon dont Neptune se connecte à vos autres planètes.

Les mots-clés de Neptune : ma connexion au divin et à l'esprit ; ce qui m'inspire et la façon dont j'inspire les autres ; les domaines où je suis souvent perdu et confus ; ma relation à la musique, aux drogues et à l'alcool ; mes capacités psychiques.

Interprétez le signe et la maison où se trouve votre Neptune en consultant les paragraphes *Neptune à travers les signes* et *Neptune à travers les maisons*, pages 225-228.

Exercice d'application

Sur votre thème, tracez une flèche vers le glyphe de Neptune et, à côté, écrivez « là où je rêve, où j'inspire et peux être inspiré/perdu ».

Pluton ♇ ♇

Vécue positivement : la transformation ; les crises de guérison ; la passion ; la puissance

Vécue négativement : la destruction ; les luttes de pouvoir ; la violence

Pluton n'est autre que le dieu des Enfers : ne prenez pas sa planète à la légère ! Du bon côté, Pluton est une incroyable magicienne, responsable de toutes les transformations que nous traversons au cours de notre vie. Elle représente le cycle de la naissance, la mort et la renaissance. C'est aussi la planète de la désintoxication : le grand plombier du zodiaque. Un problème ? Faites confiance à Pluton pour vous purger de vos toxines.

Du mauvais côté, Pluton est la planète qui nous entraîne vers les abysses – elle peut confondre transformation et annihilation ! Elle est également tout le temps en quête de pouvoir. Tout cela peut paraître très sombre, cruel et brutal, et il ne fait aucun doute que Pluton, manipulatrice et assoiffée de contrôle, peut être tout cela à la fois. Toutefois, l'emplacement de Pluton montre aussi le domaine où vous pouvez révolutionner votre monde.

Pluton est subtile, voire insaisissable, mais sa puissance peut vous projeter contre le mur à l'image d'un personnage de *Harry Potter* qui aurait reçu un sortilège de plein fouet. Pluton met un terme à ce que vous devez laisser derrière vous, elle vous renforce. Considérez-la comme la planète du zodiaque qui fait le ménage et se débarrasse de tout ce qui ne sert plus à rien. Rétrospectivement, les bouleversements plutoniens sont souvent considérés comme ce qu'on appelle des « crises de guérison ».

Où se trouve votre Pluton ?

Pluton étant la plus lente des planètes, on ne s'intéressera pas à l'élément où elle se trouve, mais plutôt au signe. Regardez son emplacement dans votre thème : voici la maison où vous avez la possibilité de renaître, ou encore de faire naître une obsession. Nous nous intéresserons plus tard aux connexions entre Pluton et vos autres planètes.

Les mots-clés de Pluton : là où j'ai le contrôle, ou là où je voudrais l'avoir ; là où je suis obsessionnel, où j'explose, où je m'engage dans des luttes de pouvoir, où j'essaye de dominer ou là où je suis dominé ; mes entrailles ; la partie de moi que je dissimule ; mon côté obscur, destructeur ; là où j'ai connu une renaissance ; mon côté manipulateur.

Interprétez le signe et la maison où se trouve votre Pluton en consultant les paragraphes *Pluton à travers les signes* et *Pluton à travers les maisons*, pages 228-230.

Exercice d'application

Sur votre thème, tracez une flèche vers le glyphe de Pluton et, à côté, écrivez « là où j'ai le contrôle, où je m'effondre, où je renais ».

Le côté positif et négatif des planètes

À l'instar de la plupart d'entre nous, les planètes possèdent un côté positif et un côté négatif. Le Soleil, la Lune et Mercure sont aussi changeants que le vent, et déterminer s'ils sont positifs ou négatifs dépend de leur emplacement dans le thème.

Vénus et Jupiter sont, pour leur part, généralement considérées comme « bénéfiques », ou plus faciles, tandis que Mars et Saturne sont traditionnellement considérées comme « maléfiques », ou plus difficiles. Mars peut en effet se montrer impétueuse et Saturne pénible, mais je crois à l'idée moderne qu'elles demeurent malgré tout très utiles. Mars, par exemple, nous offre sa détermination et sa motivation : que ferions-nous sans elles ? Quant à Saturne, elle nous pousse à nous engager, et met de l'ordre dans notre vie.

Les astrologues ne s'accordent toutefois pas sur Uranus et Neptune. Personnellement, je les vois plutôt comme des planètes respectivement excitante et mystique. Enfin, Pluton est puissante et nous permet de nous désagréger si nécessaire, et, même si l'on ne s'en rend pas compte sur le moment, ce processus peut s'avérer très positif.

Faire ressortir le côté positif ou négatif des planètes dépend en fait des connexions qu'elles forment dans le thème et de l'emplacement des planètes dans le ciel au moment présent et qui peuvent avoir des conséquences sur les planètes du thème. En effet, même si votre thème indique où se trouvaient les planètes au moment de votre naissance, comme vous le savez, elles ne se sont pas arrêtées d'avancer pour autant après ce merveilleux événement ! Elles ont continué leur course, et les astrologues regardent où se trouvent les planètes au moment présent pour comparer leur emplacement avec celui de votre naissance. Ils réalisent ensuite des déductions et des prédictions en fonction de l'écart entre les planètes en mouvement (« en transit ») et les planètes de votre thème.

Comme vous avez pu le constater, chaque planète possède un spectre s'étalant du positif au négatif : c'est l'astrologie. En avançant dans votre apprentissage, vous découvrirez comment manifester le côté positif et atténuer le caractère plus sombre des énergies planétaires. Certaines vous accompagnent depuis votre naissance, et d'autres peuvent être stimulées par votre seul désir de révéler ce que votre thème a de mieux.

Les mots-clés planétaires

Pour finir, voici des idées-clés pour vous aider à mémoriser les principales caractéristiques de chaque planète. Dans votre tête, essayez de réduire ces descriptions à de simples mots-clés et aux idées qui vous viendront à l'esprit lorsque vous penserez aux planètes.

- **Le Soleil** : vécu positivement : là où vous excellez, où vous êtes généreux et magnanime. Vécu négativement : là où vous frimez ou avez des problèmes d'ego.

- **La Lune** : vos sentiments profonds, là où vous prenez soin des autres ; là où vous êtes dépendant, timide ou même opprimé sur le plan émotionnel.

- **Mercure** : là où vous parlez et écoutez, généralement là où vous vous exprimez ; là où vous colportez les ragots, êtes menteur, où vous survolez les choses sur lesquelles vous devriez vous attarder.

- **Vénus** : là où vous aimez, où vous vous liez aux autres ; là où vous êtes superficiel ou paresseux.

- **Mars** : là où vous passez à l'action et pourchassez vos rêves, êtes courageux et plein d'énergie ; là où vous êtes impertinent, querelleur et/ou destructeur.

- **Jupiter** : là où vous avez de la chance, êtes joyeux, aimable et confiant ; là où vous êtes trop sûr de vous, complaisant, arrogant et/ou tout simplement stupide.

- **Saturne** : là où vous travaillez dur, où vous êtes sensible, maître de vous-même et stratégique ; là où la peur vous tétanise, où vous êtes étroit d'esprit, hésitant ou coincé.

- **Uranus** : là où vous osez être différent, où vous ne vous souciez pas de l'avis des autres, où vous faites les choses à votre manière et vous libérez de vos entraves ; là où vous êtes un pervers incontrôlable.

- **Neptune** : là où vous inspirez et êtes inspiré, où vous vous connectez au divin et où vous vous élevez ; là où vous êtes malhonnête, perdu, trop idéaliste et inquiet sans raison.

- **Pluton :** là où vous pouvez tout transformer de l'intérieur, où se trouvent votre puissance et votre magie, où vous pouvez vous débarrasser de ce dont vous n'avez plus besoin ; là où vous avez soif de pouvoir et de contrôle.

RÉSUMÉ

Dans ce chapitre, vous avez découvert les caractéristiques astrologiques fondamentales des dix planètes. Il est indispensable de les comprendre, étant donné qu'elles sont toutes présentes dans n'importe quel thème. L'élément ou le signe de ces planètes est très instructif. Plus vous en saurez sur elles - dans quelles maisons elles se trouvent, les connexions qu'elles forment les unes avec les autres (nous en reparlerons bientôt) - et plus vous rassemblerez d'informations fascinantes sur vous-même et les autres.

Chapitre 5

Explorer les signes du zodiaque

Jusqu'à présent, vous avez travaillé avec votre thème pour localiser les douze signes du zodiaque, identifier quelle planète se trouve dans quel signe et déterminer quel signe domine chacune de vos maisons ; vous avez aussi appris que chaque signe est une combinaison et une expression uniques de son élément, de sa qualité et de sa polarité. Approfondissons à présent notre étude des signes et découvrons ce qu'ils disent de nous.

Grâce à votre date de naissance, vous savez que vous « incarnez » un des douze signes du zodiaque, à travers ce qu'on appelle votre signe solaire. Vous pouvez par exemple être Bélier ou Poissons, etc. (vous ne connaissiez peut-être pas l'expression « signe solaire » avant de commencer votre apprentissage de l'astrologie), mais à présent, vous savez surtout que votre thème compte d'autres planètes, et pas forcément dans le même signe.

Vos signes lunaire, mercurien, plutonien, etc., sont tout aussi importants que votre signe solaire, et tendent à vous offrir un portrait plus complet de vous-même. Il est donc primordial de maîtriser les caractéristiques de *tous les signes*, sur lesquelles nous allons nous pencher à présent.

Comme nous l'avons vu dans le chapitre 3, chaque signe présente d'énormes différences avec son voisin. Les signes qui ont le plus en commun sont en fait les signes opposés – ce qui correspond à l'idée que les opposés s'attirent ou se repoussent, souvent de façon assez radicale.

Les planètes qui dominent les signes

À ce stade, il vous faut savoir que chaque signe du zodiaque est « dominé » par une planète qui lui confère ainsi certains traits de personnalité. Ci-dessous, vous trouverez la liste des planètes qui dominent les signes (chaque planète domine deux signes, et les luminaires – le Soleil et la Lune – règnent l'un sur l'autre).

- **Mars** domine le **Bélier**
- **Vénus** domine le **Taureau**
- **Mercure** domine les **Gémeaux**
- **La Lune** domine le **Cancer**
- **Le Soleil** domine le **Lion**
- **Mercure** domine la **Vierge**
- **Vénus** domine la **Balance**
- **Mars** domine le **Scorpion** dans l'astrologie traditionnelle ; **Pluton** dans l'astrologie moderne
- **Jupiter** domine le **Sagittaire**
- **Saturne** domine le **Capricorne**
- **Saturne** domine le **Verseau** dans l'astrologie traditionnelle ; **Uranus** dans l'astrologie moderne
- **Jupiter** domine les **Poissons** dans l'astrologie traditionnelle ; **Neptune** dans l'astrologie moderne

Exercice d'application

Notez la planète qui domine votre thème.

La planète qui domine votre thème est celle qui domine votre ascendant.

Par exemple : mon ascendant est Gémeaux, je suis donc dominée par Mercure.

À vous...

Mon ascendant est ______________, je suis donc dominé par ______________

La signification des signes

Dans le chapitre 3, vous avez appris que les quatre éléments (le feu, la terre, l'air et l'eau), les trois qualités (cardinal, fixe et mutable) et les deux polarités (le yin et le yang) constituent la nature fondamentale, intrinsèque de chaque signe du zodiaque. Intéressons-nous à présent plus précisément aux caractéristiques clés de chacun.

Les descriptions suivantes ne s'appliquent pas spécifiquement ni exclusivement aux personnes dont le Soleil se trouve dans le signe examiné. Elles peuvent s'appliquer à vous, que vous soyez Lion ou Vierge, ou n'importe quel autre signe. N'oubliez pas qu'elles s'appliquent aussi aux autres planètes et points de votre thème (dont les maisons et les angles - dont nous reparlerons plus tard). Essayez donc de mémoriser l'idée principale de chaque signe. Pendant votre lecture, résumez ces descriptions à des mots-clés dans votre tête.

Dans l'exercice d'application qui clôt chaque paragraphe, je vous demanderai d'associer certaines des informations que vous avez apprises jusqu'à présent pour voir si vous arrivez à faire le lien entre ce que vous observez dans votre thème et votre personnalité.

Voici quelques exemples simples de ce à quoi devraient ressembler ces « interprétations » :

- Mars en Capricorne dans votre maison 10 pourrait faire de vous une personne très ambitieuse (Capricorne) et proactive (Mars) au niveau de votre carrière (maison 10).
- Mercure en Vierge dans votre maison 4 signifierait que vous pensez (Mercure) souvent à ce que vous pouvez faire pour aider (Vierge) à la maison (maison 4).
- Vénus en Gémeaux en maison 1 peut signifier que vous donnez l'impression (maison 1) d'être une personne qui aime (Vénus) bavarder (Gémeaux).

Bélier ♈

- Élément : feu
- Qualité : cardinal
- Dirigé par : Mars
- Signe opposé : Balance
- Mots-clés : je suis
- S'harmonise plus facilement avec : Bélier, Gémeaux, Lion, Balance, Sagittaire et Verseau

Le Bélier est le premier signe du zodiaque, c'est un signe extraverti qui va de l'avant, brille d'un feu ardent et veut enflammer le monde. Le Bélier est dominé par la fougueuse planète Mars, carburant du zodiaque. En un mot comme en cent, les personnes fleur bleue et timides ne sont pas très Bélier !

Le Bélier dépasse à toute vitesse toute personne ou toute chose immobile et qui ne fait pas attention. Dans un thème, l'emplacement du Bélier désigne les domaines où l'on est pressé, mais aussi déterminé et motivé : en bref, là où l'on peut faire bouger les choses. Attention cependant à ne pas vous montrer grossier dans votre précipitation à voir les choses avancer. Les Béliers ont un feu qui brûle en eux (que les personnes d'eau et de terre voudraient parfois pouvoir éteindre !), et bien souvent, une petite étincelle anime leur regard quand on leur en parle, ce qui est plutôt positif. Veillez aussi à ne pas laisser l'énergie du Bélier vous épuiser ou vous consumer. Elle consomme beaucoup d'énergie et est très yang, ne négligez pas les éléments yin plus doux de votre thème.

Exercice d'application

Quelle maison de votre thème est dominée par le Bélier ? Quelle(s) planète(s), s'il y en a, se trouve(nt) en Bélier ?

Faites-vous le lien entre ce que vous voyez dans votre thème et votre personnalité ? Regardez les exemples ci-dessus et formulez vos propres interprétations.

Taureau ♉

- Élément : terre
- Qualité : fixe
- Dirigé par : Vénus
- Signe opposé : Scorpion
- Mots-clés : j'ai
- S'harmonise plus facilement avec : Taureau, Cancer, Vierge, Scorpion, Capricorne et Poissons

Le Taureau est une créature lente et satisfaite - en tout cas la plupart du temps. Quand il est en colère, il peut voir rouge, mais quand il mène une vie harmonieuse, ce signe retrouve le caractère lent et satisfait du taureau qui rumine paisiblement dans son champ. L'emplacement du Taureau dans votre thème désigne votre côté sensuel, mais aussi têtu. Ce signe possède également un côté qui ne se refuse rien, et il se soucie souvent d'argent. S'il y a une chose à retenir sur les Taureau, c'est qu'ils cherchent à se sentir aussi à l'aise que possible, et qu'à peu près tout ce qu'ils font dans la vie est motivé par cet objectif.

Imaginez un bœuf couché sur le côté dans son enclos, une chaude journée d'été : c'est l'endroit dont rêve le Taureau. L'emplacement de ce signe dans votre thème indique les domaines où vous disposez de la capacité magique du Taureau à faire durer l'argent (voire à l'attirer) et où vous pouvez libérer votre côté sensuel.

En tant que signe de terre, le Taureau est aussi pragmatique. Il sait comment gagner ce dont il a besoin pour s'offrir ce qu'il désire, car il est dominé par la planète élégante, féminine et tournée vers le plaisir : Vénus. Mon exemple préféré est que si quelqu'un demande à vous lécher de la chantilly sur le ventre, son thème dégage probablement une forte énergie Taureau ! Il peut s'agir de son signe solaire ou lunaire, de son ascendant, ou il peut tout simplement avoir beaucoup de planètes en Taureau.

Exercice d'application

Quelle maison de votre thème est dominée par le Taureau ? Quelle(s) planète(s), s'il y en a, se trouve(nt) en Taureau ?

Faites-vous le lien entre ce que vous voyez dans votre thème et votre personnalité ? Regardez les exemples ci-dessus et formulez vos propres interprétations.

Gémeaux ♊

- Élément : air
- Qualité : mutable
- Dirigé par : Mercure
- Signe opposé : Sagittaire
- Mots-clés : je pense
- S'harmonise plus facilement avec : Bélier, Gémeaux, Lion, Balance, Sagittaire et Verseau

Les Gémeaux sont les dragueurs du zodiaque. Ce sont des penseurs, et, une fois lancés, ils peuvent être bavards comme une pie ! Il n'est peut-être pas surprenant, étant donné la curiosité d'esprit propre à ce signe, que les Gémeaux soient aussi un des signes les plus intellectuels du zodiaque. Les Gémeaux sont le signe des personnes futées qui saisissent n'importe quel concept en un claquement de doigts. Ils sont aussi dotés d'un esprit mordant. L'emplacement des Gémeaux dans votre thème (sur une planète, une cuspide ou un angle) désigne un domaine où vous bénéficiez d'une sorte de liberté de mouvement intellectuel. Ce qu'il y a de merveilleux avec l'énergie des Gémeaux, c'est qu'elle incarne la curiosité.

L'emplacement des Gémeaux dans votre thème indique un domaine où vous êtes espiègle et animé d'une volonté d'apprendre et de réaliser des connexions mentales. Parfois, une forte énergie Gémeaux peut signifier que vous pensez trop avec la tête, et pas assez avec le cœur. Vous pouvez y remédier en vous connectant plus fortement avec votre Vénus. Une fois que vous en saurez plus sur l'astrologie, vous saurez comment procéder (en bref, il faut adopter un comportement vénusien, par exemple en embrassant votre féminité ou toute chose féminine).

L'emplacement des Gémeaux dans votre thème désigne aussi le domaine dont vous n'avez jamais aucun problème à discuter, où vous êtes toujours ouvert à la communication. Les Gémeaux possèdent aussi un côté « allons-y doucement ». Quant à l'idée selon laquelle les Gémeaux posséderaient deux faces, je pense plutôt qu'ils sont capables d'explorer toutes les options très rapidement. Certes, ils peuvent se montrer un peu beaux parleurs de temps en temps, mais dans le bon sens du terme – du moins, la majorité du temps. Les Gémeaux sont aussi parfois volubiles. Souvent véhéments. En un mot, géniaux.

Exercice d'application

Quelle maison de votre thème est dominée par les Gémeaux ? Quelle(s) planète(s), s'il y en a, se trouve(nt) en Gémeaux ?

Faites-vous le lien entre ce que vous voyez dans votre thème et votre personnalité ? Regardez les exemples ci-dessus et formulez vos propres interprétations.

Cancer ♋

- Élément : eau
- Qualité : cardinal
- Dirigé par : la Lune
- Mots-clés : je sens
- Signe opposé : Capricorne
- S'harmonise plus facilement avec : Taureau, Cancer, Vierge, Scorpion, Capricorne et Poissons

Pour moi, le moyen le plus facile de comprendre le signe du Cancer est de penser à son symbole : le crabe. Sa coquille très dure protège un ventre extramoelleux et vulnérable. Il se déplace sur le côté et s'accroche. Le Cancer est un étrange mélange entre un signe d'eau très doux et facilement sentimental et un signe cardinal qui démarre au quart de tour. Parfois, ces deux caractéristiques entrent en conflit, parfois, elles créent des personnes formidables et très opérationnelles. L'emplacement du Cancer dans votre thème désigne les domaines où vous êtes particulièrement sensible. Plus que tout, le Cancer est un signe très féminin, et le signe de la Déesse.

Mon merveilleux professeur, feu Jonathan Cainer, m'avait un jour fait la remarque qu'il est ironique que le plus sensible des signes porte aussi le nom le plus dérangeant. N'oubliez pas que nous incarnons notre thème, car nous avons des leçons à apprendre. L'emplacement du Cancer dans votre thème – sur une planète, une cuspide ou un angle – désigne une zone où vous apprenez à être sensible sans tomber dans l'excès. Le Cancer est une énergie très féminine, et comme chez beaucoup de femmes, très émotive, voire sentimentale. Nous savons tous cependant que les femmes sont bien plus que ça ! Les femmes et l'énergie du Cancer sont par exemple très fortes. Le Cancer est aussi le signe de la mémoire et de l'histoire.

Exercice d'application

Quelle maison de votre thème est dominée par le Cancer ? Quelle(s) planète(s), s'il y en a, se trouve(nt) en Cancer ?

Faites-vous le lien entre ce que vous voyez dans votre thème et votre personnalité ? Regardez les exemples ci-dessus et formulez vos propres interprétations.

Lion ♌

- Élément : feu

- Qualité : fixe
- Dirigé par : le Soleil
- Mots-clés : je veux
- Signe opposé : Verseau
- S'harmonise plus facilement avec : Bélier, Gémeaux, Lion, Balance, Sagittaire et Verseau

Lion, ô Lion, comme je t'adore ! Il faut bien l'avouer : le Lion veut briller, il brille ; il veut être adoré, il l'est. Généreux et magnanime, le Lion peut aussi prendre les autres – pauvres mortels – de haut, jetant une ombre sur l'éclat de la planète qui le domine, le Soleil. L'emplacement du Lion dans votre thème désigne le domaine où vous pouvez vous démarquer. La vitalité est un des mots puissants associés à ce signe. Dites-vous que le Soleil brille !

Le Lion est un signe assez incroyable, ambitieux, créatif et digne. Il aime être au centre de l'attention, et s'y trouve d'ailleurs souvent. Je vous rappelle une fois de plus que l'énergie du Lion se trouve dans tous les thèmes, que ce soit *via* une planète, un signe ou une maison, et que nous avons tous une partie de nous capable d'accéder à cette énergie bouillonnante. N'oubliez pas que le Lion, dirigé par le Soleil, pense (ou sait !) que le monde tourne autour de lui. Il a besoin de louanges, de se sentir traité comme un roi ou une reine, et il n'apprécie certainement pas de se faire détrôner. C'est une énergie très orgueilleuse, et même si le Lion, comme tout un chacun, peut se tromper, il ne supporte pas qu'on lui fasse remarquer ses erreurs. Le Lion est aussi la diva du zodiaque. Il est sensationnel.

Exercice d'application

Quelle maison de votre thème est dominée par le Lion ? Quelle(s) planète(s), s'il y en a, se trouve(nt) en Lion ?

Faites-vous le lien entre ce que vous voyez dans votre thème et votre personnalité ? Regardez les exemples ci-dessus et formulez vos propres interprétations.

Vierge ♍

- Élément : terre
- Qualité : mutable
- Dirigée par : Mercure
- Mots-clés : j'analyse
- Signe opposé : Poissons
- S'harmonise plus facilement avec : Taureau, Cancer, Vierge, Scorpion, Capricorne et Poissons

Les Vierge sont généralement des personnes assez terre-à-terre, qu'il est formidable d'avoir près de soi. Elles sont pragmatiques, serviables et raisonnables, parfois presque trop : ce sont elles qui remarquent et vous rappellent que vos pneus sont usés ou que de la poussière s'accumule derrière la télé. L'emplacement de la Vierge dans votre thème indique les domaines où vous êtes doué pour analyser et démêler les choses.

La Vierge possède un côté sensible et sérieux, mais aussi un côté très créatif, ce qui peut s'avérer une merveilleuse combinaison. J'étais connue pour n'engager que des assistants Vierge, car c'est un signe qui fait très attention aux détails et qui assume ses responsabilités. La Vierge est méthodique et précise, et ses erreurs sont généralement saines.

L'énergie de la Vierge est parfois assez sérieuse, mais c'est simplement parce qu'elle est guidée par la planète de la communication et qu'elle veut que son message soit transmis correctement, quitte à se montrer un tantinet maniaque. Avant de faire la morale à vos amis Vierge, n'oubliez pas que nous avons tous un peu d'énergie de la Vierge quelque part dans notre thème, *via* une planète, une maison ou un angle. Il est vrai que la Vierge n'a pas aussi bonne réputation que d'autres signes plus extravagants, pourtant, elle est fortement associée à la Déesse – nous connaissons tous des femmes qui sont heureuses de travailler dans l'ombre et sans relâche, sans rien attendre en retour –, une attitude tout ce qu'il y a de plus Vierge.

Exercice d'application

Quelle maison de votre thème est dominée par la Vierge ? Quelle(s) planète(s), s'il y en a, se trouve(nt) en Vierge ?

Faites-vous le lien entre ce que vous trouvez dans votre thème et votre personnalité ? Regardez les exemples ci-dessus et formulez vos propres interprétations.

Balance ♎

- Élément : air
- Qualité : cardinal
- Dirigé par : Vénus
- Mots-clés : j'équilibre
- Signe opposé : Bélier
- S'harmonise plus facilement avec : Bélier, Gémeaux, Lion, Balance, Sagittaire et Verseau

La Balance est guidée par Vénus, planète de l'amour et de l'abondance. Souvent, on remarque que c'est le seul signe qui n'est pas représenté par un être vivant, et qu'en tant que signe d'air, il donne des personnes qui vivent dans leur imagination. Comme s'il était contrariant d'être une balance et non un lion, une vierge ou un jumeau... Mais attendez un peu : la Balance est dirigée par Vénus, qui est aussi la planète de la Mère divine, du Divin féminin et de l'amour divin. Quelle quantité d'amour et de sentiments pensez-vous pouvoir faire tenir en un seul signe ?

La Balance aime l'amour, elle aime les relations et le flirt ; elle est avide de tête-à-tête, de beauté et d'harmonie. L'emplacement de ce signe dans votre thème désigne les domaines où vous êtes en quête de justice et cherchez à faciliter les choses au maximum. La Balance a la réputation d'être indécise, mais je trouve qu'il s'agit là d'astrologie « de comptoir ». Il est normal qu'en tant que balance, elle envisage une situation sous tous les angles avant de prendre une décision. L'énergie de la Balance est une énergie intermédiaire : elle exige toujours d'obtenir la vérité, et de préférence sous la forme la plus agréable possible.

Exercice d'application

Quelle maison de votre thème est dominée par la Balance ? Quelle(s) planète(s), s'il y en a, se trouve(nt) en Balance ?

Faites-vous le lien entre ce que vous voyez dans votre thème et votre personnalité ? Regardez les exemples ci-dessus et formulez vos propres interprétations.

Scorpion ♏

- Élément : eau

- Qualité : fixe
- Dirigé par : Mars (en astrologie traditionnelle) et Pluton (en astrologie moderne)
- Mot-clé : je désire
- Signe opposé : Taureau
- S'harmonise plus facilement avec : Taureau, Cancer, Vierge, Scorpion, Capricorne et Poissons

Le scorpion est un animal qui peut vous tuer d'un seul coup de dard. Nous avons tous un peu du Scorpion en nous, l'aviez-vous remarqué ? Souvent, les Scorpion que je rencontre s'excusent d'« être Scorpion » ! Et pourtant cette énergie est présente dans tous les thèmes. Regardez le vôtre et identifiez le symbole du Scorpion, il domine au moins une maison et potentiellement une ou plusieurs planètes : vous venez d'identifier votre côté obscur. Le Scorpion est l'énergie qui nous aide à comprendre les mystères de la vie. Il fait face aux choses que d'autres cherchent à éviter, et nous force parfois à en faire de même.

Si le Scorpion est notre côté obscur, il n'en a pas moins un versant positif très puissant dont nous ne devrions pas avoir peur. Pensez à la Mère sombre ou à l'Aïeule : elles sont pleines de sagesse. Il en va de même pour le Scorpion, et son énergie peut nous livrer de nombreuses leçons si nous ne nous laissons pas tétaniser par la peur. L'emplacement du Scorpion dans votre thème désigne les domaines où vous présentez des caractéristiques Scorpion. Il est vrai que ce signe peut être rancunier à vie, ce que je trouve plutôt dommage. Mais cela fait partie de la multiplicité humaine, n'est-ce pas ? Je le redis : nous avons tous du Scorpion quelque part dans notre thème ! Par ailleurs, les Scorpion sont sexy.

Exercice d'application

Quelle maison de votre thème est dominée par le Scorpion ? Quelle(s) planète(s), s'il y en a, se trouve(nt) en Scorpion ?

Faites-vous le lien entre ce que vous voyez dans votre thème et votre personnalité ? Regardez les exemples ci-dessus et formulez vos propres interprétations.

Sagittaire ♐

- Élément : feu
- Qualité : mutable
- Dirigé par : Jupiter
- Mots-clés : je vois
- Signe opposé : Gémeaux
- S'harmonise plus facilement avec : Bélier, Gémeaux, Lion, Balance, Sagittaire et Verseau

Le Sagittaire est le signe le plus chanceux du zodiaque, et la bonne nouvelle, c'est que nous avons tous du Sagittaire dans notre thème : c'est là que les choses se déroulent paisiblement (c'est aussi le propre de Jupiter, et le Sagittaire est empreint d'une forte énergie jovienne et inversement). Il ne faut toutefois pas prendre la gaieté des Sagittaire pour de la superficialité. En effet, le Sagittaire est capable de considérations profondes et de prendre du recul par rapport à la vie. Il lui arrive de se montrer un peu donneur de leçons, mais c'est seulement parce que son énergie est en quête d'aventure et d'exploration, cherchant à élargir ses perspectives, notamment *via* les études et l'enseignement.

Avec le Sagittaire, le danger est le laisser-aller, sous toutes ses formes. La présence du Sagittaire peut aussi vous rendre négligent dans les domaines qu'il domine. Le Sagittaire a un côté désinvolte qu'il n'a pas peur de montrer. Bien sûr, d'innombrables grandes réussites ont été le fruit d'une importante prise de risques, ce qui ne fait pas peur aux Sagittaires, mais allez-y doucement et ne misez pas tout sur le même cheval si vous avez de nombreuses planètes dans ce signe – à moins que tout perdre ne vous dérange pas !

Exercice d'application

Quelle maison de votre thème est dominée par le Sagittaire ? Quelle(s) planète(s), s'il y en a, se trouve(nt) en Sagittaire ?

Faites-vous le lien entre ce que vous voyez dans votre thème et votre personnalité ? Regardez les exemples ci-dessus et formulez vos propres interprétations.

Capricorne ♑

- Élément : terre
- Qualité : cardinal
- Dirigé par : Saturne
- Mots-clés : j'utilise
- Signe opposé : Cancer
- S'harmonise plus facilement avec : Taureau, Cancer, Vierge, Scorpion, Capricorne et Poissons

Le Capricorne est une énergie très intense qui peut vraiment vous secouer. Guidé par le rouleau compresseur du zodiaque – Saturne –, une prédominance de son énergie donne souvent des personnes prospères : elles avancent à la manière de rouleaux compresseurs, avec sérieux et écrasant toute opposition qu'elles rencontrent. Le Capricorne est l'énergie qui comprend que « Rome ne s'est pas construite en un jour », et ce à différents niveaux. Il sait par exemple que la qualité prend parfois du temps. Il s'agit aussi du signe de la tradition qui a une idée de pourquoi nous sommes là où nous sommes.

L'énergie du Capricorne est disciplinée, elle a besoin d'ordre et n'hésite pas à le demander. C'est l'énergie des faits et des nombres, qui ne perd pas de temps avec des idées farfelues (pour cela, tournez-vous plutôt vers les Poissons). Le Capricorne est clair et rigoureux et possède un merveilleux esprit d'analyse. Vous avez accès à cette énergie *via* vos planètes et votre maison en Capricorne. Enfin, ce signe peut être austère, et désigne aussi le gouvernement.

Exercice d'application

Quelle maison de votre thème est dominée par le Capricorne ? Quelle(s) planète(s), s'il y en a, se trouve(nt) en Capricorne ?

Faites-vous le lien entre ce que vous voyez dans votre thème et votre personnalité ? Regardez les exemples ci-dessus et formulez vos propres interprétations.

Verseau ♒

- Élément : air
- Qualité : fixe
- Dirigé par : Saturne (dans l'astrologie traditionnelle) et Uranus (dans l'astrologie moderne)
- Mots-clés : je sais

- Signe opposé : Lion
- S'harmonise plus facilement avec : Bélier, Gémeaux, Lion, Balance, Sagittaire et Verseau

Encore un signe qui vit beaucoup dans son imagination. Certaines personnes supposent que le porteur d'eau est forcément un signe d'eau, et pourtant il s'agit bel et bien d'un signe d'air. Les Verseau sont de nobles penseurs, pragmatiques et originaux. Ils ont parfois un côté presque bizarre… « Les fous, les marginaux, les rebelles, les fauteurs de troubles… tous ceux qui voient les choses différemment » dont parlait Steve Jobs ont certainement un thème très marqué par la forte énergie du Verseau – la planète moderne régnant sur ce signe n'est d'ailleurs autre qu'Uranus, planète de la technologie, d'Internet et des ordinateurs.

L'emplacement du Verseau dans votre thème, *via* une planète ou une maison, désigne les domaines où vous ne vous souciez pas de ce que les autres pensent de vous, en tout cas pas trop. Plus vous êtes « Verseau », et plus vous devez accepter vos excentricités. L'énergie du Verseau possède également un puissant côté non conformiste libérateur qui refuse d'être contrôlé ou de se soumettre.

Cela ne signifie pas pour autant que les Verseau sont incapables de bien se tenir, mais qu'ils ne le font que lorsque ça les arrange. En effet, leur planète traditionnelle, Saturne, leur confère un certain sérieux. Les Verseau sont des inventeurs, des visionnaires, parfois trop honnêtes et souvent délicieusement atypiques.

Exercice d'application

Quelle maison de votre thème est dominée par le Verseau ? Quelle(s) planète(s), s'il y en a, se trouve(nt) en Verseau ?

Faites-vous le lien entre ce que vous voyez dans votre thème et votre personnalité ? Regardez les exemples ci-dessus et formulez vos propres interprétations.

Poissons ♓

- Élément : eau
- Qualité : mutable
- Dirigé par : Jupiter (dans l'astrologie traditionnelle) et Neptune (dans l'astrologie moderne)
- Mots-clés : je crois
- Signe opposé : Vierge
- S'harmonise plus facilement avec : Taureau, Cancer, Vierge, Scorpion, Capricorne et Poissons

C'est le signe de l'évasion et des rêves. Pour mieux le comprendre, imaginez deux poissons nageant dans des eaux très profondes, et que vous essayez de les capturer tous les deux. Voilà qui n'est pas facile ! Il en va de même avec l'énergie des Poissons. Juste au moment où vous pensiez l'avoir cernée, elle vous échappe. Les personnes dont le thème est marqué d'une forte énergie Poissons (*via* une maison, un angle ou une planète) sont de véritables feux follets. Elles vivent en quelque sorte dans le monde des rêves, et sont parfois tellement rêveuses qu'elles vous inspirent et se retrouvent dans le monde de *vos* rêves.

Les Poissons peuvent être très séduisants et déconcertants. Ils donnent souvent l'impression d'être irrationnels, ou tout simplement merveilleusement mystiques. Cette énergie très yin peut devenir très yang à force de surmenage ou face à une contrariété.

Les Poissons adorent l'art, les films et la littérature : tout ce dans quoi ils peuvent s'immerger (après tout, il s'agit bien d'un signe d'eau !), noyer leur chagrin ou poursuivre la passion de leur âme. Ils parlent d'ailleurs souvent d'âme et de sentiments. L'emplacement des Poissons dans votre thème désigne les domaines où vous êtes insaisissable, rêveur et difficile à cerner. Vous ne serez sans doute pas surpris d'apprendre qu'en astrologie moderne, les Poissons sont dominés par Neptune, la nébuleuse planète bleue. Les Poissons sont spirituels.

Exercice d'application

Quelle maison de votre thème est dominée par les Poissons ? Quelle(s) planète(s), s'il y en a, se trouve(nt) en Poissons ?

Faites-vous le lien entre ce que vous voyez dans votre thème et votre personnalité ? Regardez les exemples ci-dessus et formulez vos propres interprétations.

RÉSUMÉ

Dans ce chapitre, vous avez acquis une compréhension basique des signes du zodiaque. Plus vite vous les connaîtrez, et mieux ce sera. Certains astrologues décrivent les signes comme les « vêtements » des planètes et des maisons. Si, par exemple, votre Vénus se trouve en Bélier, elle donnera un air Bélier à votre façon d'aimer. Plus vous comprendrez les signes et plus vous comprendrez comment ils façonnent, colorent ou encore « assaisonnent » les planètes, les maisons et les autres points du thème.

Chapitre 6

Les angles

Nous allons à présent nous attaquer à un autre pilier de l'astrologie. Chaque thème natal se divise en quatre angles. Dans le vôtre, ils sont indiqués par des lignes situées à environ 3, 6, 9 et 12 heures. Il est écrit ASC à gauche de la ligne entre 9 et 3 heures, et MC en haut de celle entre 12 et 6 heures (environ).

- La ligne appelée **ASC** est un axe qui divise votre thème entre sa partie haute et sa partie basse. Son extrémité gauche désigne l'ascendant - ASC - et la droite le descendant - DES.

- La ligne **MC** est un axe qui divise votre thème entre l'hémisphère gauche et l'hémisphère droit. Les lettres MC - *Medium Coeli*, ou Milieu du Ciel - sont inscrites sur l'une de ses extrémités et les lettres IC - *Imum Coeli* - sur l'autre.

Ces quatre angles sont importants : ils définissent le Soi, nos relations avec les autres, notre vie intérieure et notre carrière.

Exercice d'application

Localisez les angles sur votre thème.

- L'ascendant est indiqué par l'abréviation ASC.
- Le descendant se situe à l'opposé de l'ASC. Il est indiqué par l'abréviation DES.
- Le *Medium Coeli* (ou Milieu du Ciel) est indiqué par l'abréviation MC.
- L'*Imum Coeli* se situe à l'opposé du MC. Il est indiqué par l'abréviation IC.

Intéressons-nous à présent à chaque angle plus en détail.

L'ascendant

J'espère que vous avez déjà identifié votre ascendant. Que désigne-t-il ? La meilleure façon de décrire l'ascendant est de dire qu'il s'agit de l'impression que vous donnez aux autres : c'est ce qu'ils enregistrent quand ils vous rencontrent pour la première fois.

L'ascendant peut parfois être comparé à un « masque » que nous portons, ce qui a l'air un peu sinistre, mais réfléchissez-y : nous portons tous une sorte de masque social, notamment quand nous rencontrons des gens pour la première fois, que ce soit à une fête, au travail ou lors d'un entretien.

Autrement dit, votre signe solaire désigne votre « véritable » vous, alors que votre ascendant correspond au « visage » que vous enfilez, au « masque » que vous portez. Nous en avons tous un. Le signe où se trouve votre ascendant est donc très important, puisque vous donnez l'impression qu'il s'agit de votre signe solaire : si vous êtes ascendant Scorpion, les gens vous verront comme un Scorpion – autrement dit, comme quelqu'un d'assez mystérieux. Et si vous êtes ascendant Balance, vous dégagerez l'énergie de la Balance, et semblerez donc plutôt charmant.

L'ascendant est aussi le point le plus personnel du thème, car il dépend de la date, mais aussi de l'endroit et de l'heure exacts de votre naissance. Une personne née au même moment que vous, mais à l'autre bout du monde (ou même à simplement quelques kilomètres de distance) aura un ascendant totalement différent du vôtre.

Afin de bien comprendre la façon dont se présentent les différents ascendants, il faut combiner l'idée de « l'impression qu'on donne » avec les qualités du signe où se trouve l'ascendant. On obtient ainsi les brèves descriptions suivantes :

L'ascendant dans les signes

N'oubliez pas que votre ascendant est le signe de votre maison 1, située à 9 heures sur votre thème.

Ascendant Bélier : une personne qui a tendance à débouler, fougueuse, et extrêmement spontanée. Enflammée. Enthousiaste.

Ascendant Taureau : une personne qui peut être assez têtue. Parfois costaude. Parfois paresseuse. Une personne qui donne l'impression d'être naturelle et souvent satisfaite – sauf quand elle voit rouge et se transforme en un taureau furieux !

Ascendant Gémeaux : une personne très bavarde qui donne parfois l'impression d'être superficielle, mais qui sait en fait simplement entretenir une conversation.

Ascendant Cancer : une personne qui vous sert à manger. Si c'est une femme, elle peut avoir une forte poitrine. Une personne chaleureuse et accueillante, mais parfois assez cinglante et autoritaire.

Ascendant Lion : une personne qui a parfois une grosse tignasse. Elle fait tourner les têtes et peut être tape-à-l'œil. Une personne qui peut être assez fière, et se place souvent au centre de l'attention.

Ascendant Vierge : une personne à l'apparence pudique ou modeste (qui peut cacher un côté bien plus sauvage !). Un bureaucrate ou un critique. Quelqu'un qui remarque les détails, serviable.

Ascendant Balance : une personne qui semble harmonieuse ou paisible. Un bon négociateur. Peut se montrer diplomate, ou encore flatteur et dire ce que les autres ont envie d'entendre.

Ascendant Scorpion : une personne qui donne l'impression d'être un mystère et d'aimer garder les secrets, qui est consciente de son côté obscur. Une personne qui a du mal à laisser les gens entrer, et qui a l'air profonde et sérieuse.

Ascendant Sagittaire : le blagueur du groupe, celui qui sourit en permanence. Une personne aventureuse, qui parle parfois beaucoup pour ne rien dire. Un étudiant ou un justicier. Une personne qui aime faire la fête.

Ascendant Capricorne : le sérieux de la bande - ou du moins, qui a un côté sérieux. Une personne qui se plaint beaucoup, qu'on prend facilement au sérieux. Souvent sincère. A un visage professionnel.

Ascendant Verseau : la personne avec les cheveux bleus ou toute autre caractéristique très inhabituelle. Un regard fou, un savant fou. Une personne joviale, amusante.

Ascendant Poissons : le rêveur, qui vous récite des poèmes. Une personne qui a la tête dans les nuages, ou qui en a l'air. En contact avec le côté mystique de la vie.

L'ascendant décrit la façon dont les autres vous perçoivent. Votre style personnel. Par exemple, une personne dont le signe solaire est Capricorne pourrait être ambitieuse et réservée, mais, avec un ascendant Sagittaire, elle pourrait être insouciante tout en travaillant dur pour atteindre ses objectifs Capricorne.

Exercice d'application

Regardez à nouveau le signe de votre ascendant.

Mon ascendant est en ____________________, donc, quand je rentre dans une pièce, je diffuse une énergie ____________________ !

Au fil des années, j'ai remarqué que de nombreuses personnes n'aiment pas leur ascendant quand elles le découvrent. Je suppose que c'est parce que l'image que nous pensons renvoyer est souvent bien loin de la réalité ! Vous en apprendrez davantage sur votre ascendant et sa signification dans le *cookbook* – ou livre de recettes – du chapitre 13.

N'oubliez pas que votre ascendant est aussi la porte d'entrée de votre thème : les planètes qui le dominent sont les planètes qui vous dominent de façon générale. Quand vous avancerez dans votre apprentissage de l'astrologie, vous vous y intéresserez de plus près. Voici pour commencer une liste des planètes qui dominent les ascendants.

Les planètes qui dominent les ascendants

Ascendant Bélier : vous êtes dominé par Mars – plus d'informations page 56.

Ascendant Taureau : vous êtes dominé par Vénus – plus d'informations page 54.

Ascendant Gémeaux : vous êtes dominé par Mercure – plus d'informations page 53.

Ascendant Cancer : vous êtes dominé par la Lune – plus d'informations page 51.

Ascendant Lion : vous êtes dominé par le Soleil – plus d'informations page 49.

Ascendant Vierge : vous êtes dominé par Mercure - plus d'informations page 53.

Ascendant Balance : vous êtes dominé par Vénus - plus d'informations page 54.

Ascendant Scorpion : vous êtes dominé par Mars et Pluton - plus d'informations pages 56 et 66.

Ascendant Sagittaire : vous êtes dominé par Jupiter - plus d'informations page 58.

Ascendant Capricorne : vous êtes dominé par Saturne - plus d'informations page 60.

Ascendant Verseau : vous êtes dominé par Saturne et Uranus - plus d'informations pages 60 et 63.

Ascendant Poissons : vous êtes dominé par Jupiter et Neptune - plus d'informations pages 58 et 65.

Le descendant (la ligne d'amour)

Cet angle peut s'avérer très intéressant : il domine la maison 7, en d'autres termes votre zone d'amour. Une personne dont le descendant se trouve dans le signe très décontracté du Sagittaire sera très différente de celle avec, par exemple, un descendant dans le signe beaucoup plus intense du Scorpion.

Connaître le descendant (ou, comme j'aime l'appeler, la ligne d'amour) d'une personne offre une idée très claire de la façon dont elle se comporte dans une relation, et donc de ce qu'on peut attendre d'elle. Il s'agit d'une information utile, que vous souhaitiez rencontrer un nouvel amant, arranger les choses avec votre partenaire ou même vous intéresser à un nouvel ami ou collègue.

Le descendant peut vous apprendre plusieurs choses : par exemple, une personne dont le descendant se trouve en Vierge pourrait être très exigeante, et une autre avec le descendant en Lion chercherait plutôt à être adorée et serait un amant généreux. Le descendant peut aussi désigner le genre de personne qui nous attire ou que l'on attire, qui nous convient et avec laquelle on peut rester longtemps. Par exemple, si votre descendant se trouve en Lion, vous chercherez peut-être un amant clinquant au bras duquel parader, et s'il est en Gémeaux vous pourriez facilement finir avec un écrivain, une personne travaillant dans la communication ou, tout simplement, un Gémeaux.

Le plus simple pour découvrir le descendant de votre interlocuteur est de connaître son ascendant : sa ligne d'amour est située à l'exact opposé. Souvent, la ligne d'amour désigne le genre de personne qui l'attirera. Une personne dont le descendant se trouve en Capricorne pourrait trouver les personnes en uniforme très séduisantes !

Voici une brève description du descendant (ou ligne d'amour !) dans chaque signe.

Le descendant dans les signes

Descendant Bélier : traditionnellement, une personne sauvage, fougueuse et passionnée. Spontanée, voire impulsive !

Descendant Taureau : une personne sensuelle et solide, habituellement plutôt fiable. Elle cherche un partenaire qui lui chatouillera les sens et qui, de préférence, la nourrira.

Descendant Gémeaux : une personne adaptable, qui fait en sorte que les choses restent intéressantes et avancent dans ses relations.

Descendant Cancer : une personne aimante et réconfortante, qui peut aussi manquer d'assurance et avoir besoin d'être fréquemment rassurée.

Descendant Lion : une personne qui cherche à être adorée, même si elle est excentrique et se comporte comme si elle n'avait besoin de rien ni de personne.

Descendant Vierge : une personne qui peut s'avérer un tantinet exigeante. Elle préférera les partenaires très soucieux de leur hygiène et qui n'utilisent pas de parfum artificiel.

Descendant Balance : un excellent partenaire ! Guidée par Vénus, c'est une personne très investie dans ses relations sans être collante. Souvent très dragueuse.

Descendant Scorpion : une personne intense et passionnée, à la recherche de relations où se jeter corps et âme.

Descendant Sagittaire : plutôt difficile à cerner ! Elle aime que son partenaire la laisse faire des choses de son côté. Une personne aventureuse, attirée par les étrangers.

Descendant Capricorne : une personne qui prend ses relations au sérieux, mais qui doit faire des efforts pour se montrer chaleureuse quand son partenaire en a besoin.

Descendant Verseau : un amant légèrement distant et réservé. Ce qui ne signifie pas qu'il ne soit pas passionné, mais simplement très pragmatique.

Descendant Poissons : cherche un partenaire qui apporte une touche de romantisme dans sa vie. Une personne qui peut se montrer légèrement insaisissable, un peu comme un poisson qui vous glisserait entre les mains.

Exercice d'application

Relevez le signe où se trouve votre descendant.

Mon descendant (ma ligne d'amour) est en ____________________. Ainsi, quand je suis en couple, je dégage une énergie ____________________.

Le Milieu du Ciel (MC, la ligne de la carrière professionnelle)

Dans un thème, le Milieu du Ciel offre des informations sur la carrière, la vie professionnelle et les ambitions de son propriétaire. Il indique ce pour quoi on se souviendra de lui, et décrit sa réputation.

Le Milieu du Ciel dans les signes

Voici une brève description du MC, ou ligne de la carrière professionnelle, dans chaque signe.

MC en Bélier : quelqu'un qui fonce sur le plan professionnel. Une personne certainement impulsive, capable de prendre des initiatives plutôt professionnelles.

MC en Taureau : une personne avec le potentiel de bien s'en sortir financièrement, qui cherche des ressources. Terre-à-terre, féminine. Un employé fiable.

MC en Gémeaux : une personne heureuse d'exercer plusieurs métiers et de changer d'orientation assez souvent ; tout travail en rapport avec les mots devrait lui convenir.

MC en Cancer : une personne qui pourrait travailler dans les métiers du soin à plein temps, bienveillante et gentille, bien qu'un peu changeante sur le plan émotionnel.

MC en Lion : une personne qui a besoin que son travail ait un côté tape-à-l'œil, et à qui une profession un peu glamour conviendrait très bien.

MC en Vierge : une personne formidablement travailleuse et fiable qui vérifie les faits plusieurs fois et est toujours ravie de rendre service.

MC en Balance : une personne qui a besoin de mener une carrière équilibrée à travers un métier un minimum agréable, et de préférence élégant.

MC en Scorpion : une personne dont le travail impliquera de la recherche sous n'importe quelle forme ; elle s'épanouira dans tout métier en rapport avec le sexe ou l'occulte.

MC en Sagittaire : une personne bien plus libre et simple que les autres sur le plan professionnel. Tout ce qui touche au voyage ou à l'édition lui conviendra très bien. Un autoentrepreneur.

MC en Capricorne : excellent investissement, puisque le Capricorne est très ambitieux et prêt à travailler dur.

MC en Verseau : les inventeurs et les scientifiques. Quelqu'un qui fait avancer le monde ou qui travaille avec la technologie. L'autoentrepreneuriat lui va bien.

MC en Poissons : les rêveurs du monde du travail. Une personne qui voudrait que son métier concerne si possible la poésie, l'art ou la musique.

Exercice d'application

Relevez le signe où se trouve votre MC.

Mon MC, ou ligne professionnelle, est en ________________, donc, quand je poursuis mes ambitions, je dégage une énergie ________________.

L'*Imum Coeli*, ou Fond de Ciel (FC, la ligne du foyer)

Le Fond de Ciel représente le foyer ; c'est aussi l'angle le plus intime du thème. Voici quelques idées pour vous faire réfléchir aux caractéristiques de votre FC.

Le Fond du Ciel dans les signes

FC en Bélier : une personne qui se bat pour maintenir l'harmonie et l'équilibre chez elle et au sein de sa famille.

FC en Taureau : une personne qui sait comment créer un foyer charmant et un sentiment familial rassurant.

FC en Gémeaux : quelqu'un qui ne voit pas d'inconvénients à changer de maison/ville/pays plusieurs fois dans sa vie. Sa maison est un endroit plein d'esprit !

FC en Cancer : c'est en quelque sorte le signe « idéal » pour le FC, le Cancer étant très attaché à sa maison. Imaginez un nid douillet. Un instinct protecteur.

FC en Lion : une personne qui souhaite que sa maison soit un endroit où l'on s'amuse – et bien sûr qu'elle soit somptueuse. Très généreuse avec sa famille.

FC en Vierge : sa maison est soignée et ordonnée. Une personne qui fait tout son possible pour aider les membres de sa famille, même s'ils l'agacent.

FC en Balance : sa maison est un lieu magnifique où il fait bon vivre, car elle dégage une énergie positive. Une personne qui ne supporte pas les disputes familiales.

FC en Scorpion : sa maison est sans doute sombre et tamisée, avec beaucoup de lumières douces et de velours. Une personne réservée et féroce quand il est question de sa famille.

FC en Sagittaire : un cowboy/une cowgirl qui revient à la maison une fois ses pérégrinations terminées.

FC en Capricorne : une personne dont la maison est organisée, probablement – et de préférence – située dans un lieu ancien, et avec un côté autoritaire.

FC en Verseau : une personne dont la vie personnelle est sans doute très changeante, voire chaotique. Elle aime les maisons high-tech, ou du moins équipées de plein de gadgets et d'appareils électroniques.

FC en Poissons : l'emplacement de sa maison n'est pas toujours clair à 100 %. Cette personne est souvent inspirée par sa famille, et son foyer constitue son socle spirituel.

Exercice d'application

Relevez le signe où se trouve votre FC.

Mon FC, ou ligne du foyer, est en ____________________, donc, quand je suis à la maison et en famille, ou dans ma vie privée, je dégage une énergie ____________________.

N'oubliez pas que chaque signe est également associé à un élément qui peut l'influencer (voir les informations sur les éléments, chapitre 3). Si votre MC (ou ligne professionnelle) se trouve dans un signe d'eau, vous travaillez sans doute avec l'eau ou les émotions, ou en avez envie, si vous n'avez pas encore trouvé le moyen d'y parvenir.

Les personnes dont le MC se trouve dans un signe de feu recherchent un travail qui les excite. Celles dont le MC se trouve dans un signe de terre recherchent de la stabilité, du réel, un métier viscéral ou encore en rapport avec tout ce qui est alternatif ou naturel. Celles dont le MC se trouve dans un signe d'air ont besoin de stimulation mentale. Voyez-vous comment les pièces du puzzle s'assemblent peu à peu ?

Notez également que si une de vos planètes tombe pile sur un angle, elle revêtira une importance toute particulière dans votre thème. Ses caractéristiques (et, bien sûr, le signe où elle se trouve en compagnie de votre MC) « coloreront » cet angle.

Par exemple, si votre Mars se trouve en Lion sur votre MC, votre carrière ou l'approche que vous en avez aura un côté à la fois Mars (motivé) et Lion (clinquant).

RÉSUMÉ

Vous venez d'ajouter une couche supplémentaire à votre compréhension du thème astral. Maîtriser ces quatre angles est absolument indispensable : ils vous permettent de relever des informations en un coup d'œil lorsque vous lisez un thème. Notez qu'ils ont besoin d'une heure de naissance précise pour être précis eux aussi.

Chapitre 7

Les maisons

Il est temps à présent de vous familiariser avec les douze maisons de l'astrologie, ce qui vous permettra de vraiment maîtriser votre thème natal. Plus tard, je vous donnerai une introduction à la lecture de thème, qui demande notamment une solide compréhension des douze maisons.

L'astrologie compte différents systèmes de « domification », les plus populaires étant probablement le système Placidus, le système des maisons égales et le système des signes entiers. Dans ce livre, j'utilise le système des signes entiers, comme je le fais d'habitude dans mon travail, notamment parce que le formidable astrologue Robert Hand l'utilise et le recommande. Les partisans du système des signes entiers soulignent qu'il s'agit de la plus ancienne forme de domification – elle remonterait au Ier siècle av. J.-C., comme une partie de la tradition astrologique gréco-romaine appelée astrologie hellénistique.

Comme vous l'avez appris dans le chapitre 2, le zodiaque (ou horoscope) est divisé en douze sections, ou maisons, chacune dominée par un signe différent, et l'ascendant détermine quel signe domine quelle maison : les signes se suivent à partir de l'ascendant, dans le sens contraire des aiguilles d'une montre et selon l'ordre traditionnel : Bélier, Taureau, Gémeaux, Cancer, Lion, Vierge, Balance, Scorpion, Sagittaire, Capricorne, Verseau et Poissons.

Chaque maison est associée à un domaine d'expérience, à commencer par l'ego, la façon de s'extérioriser en société et ailleurs. Les maisons abritent les planètes. Vous pouvez par exemple avoir votre Mercure en Poissons en maison 4.

Quand un astrologue interprète votre thème, il fusionne la signification des planètes avec celle de la maison et du signe où elles se trouvent pour comprendre les dons, les difficultés, les talents, les atouts et les obstacles qui vous accompagnent dans cette vie. Contrairement aux éléments et aux planètes, les maisons ne sont pas des « énergies », et elles n'en colorent pas l'expression. Au contraire, elles indiquent le domaine où les énergies des planètes et des signes ont le plus de chance de se manifester.

Les différentes façons de regarder un thème

Au niveau le plus élémentaire, les maisons divisent le thème natal en deux parties : le haut et le bas.

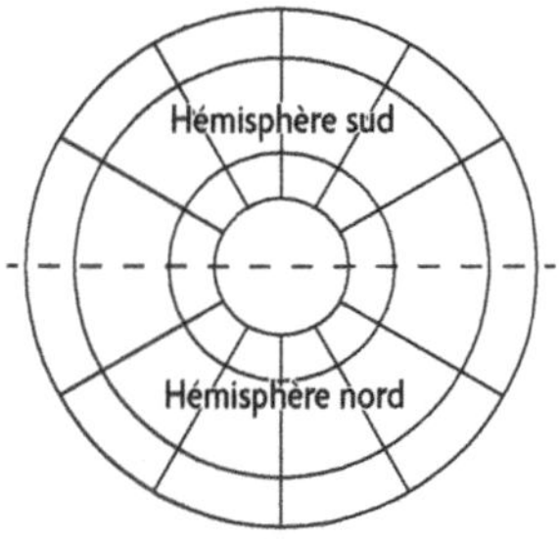

Schéma 5 : le nord et le sud des maisons

La moitié haute du thème représente la partie la plus publique de la vie, et la moitié inférieure la vie, privée. La moitié supérieure s'appelle l'hémisphère sud (nous plaçons notre point de vue depuis le thème, le regard tourné vers l'extérieur, le nord se trouve donc devant nous, et le sud derrière). Une personne dont le thème présente de nombreuses planètes dans sa moitié supérieure aura une vie plutôt ouverte, « visible », sera expansive en public et sans doute extravertie et sociable.

À l'inverse, un thème où la majorité des planètes se trouvent dans la partie inférieure (l'hémisphère nord) est caractéristique d'une personne plus réservée, peut-être plus prudente et subjective. Quelqu'un qui préférera sans aucun doute s'occuper de ses affaires.

Les astrologues divisent également les maisons en hémisphères est et ouest (voir le schéma ci-dessous). La ligne au milieu représente - et est parfois appelée - l'horizon.

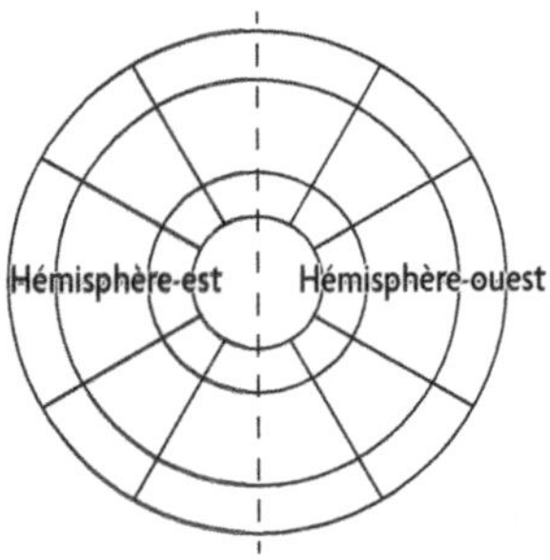

Schéma 6 : l'est et l'ouest des maisons

Encore une fois, on se place du point de vue du thème, comme si nous étions à l'intérieur et que nous regardions vers l'extérieur. Les personnes ayant une majorité de planètes clairement positionnées à gauche (du côté est) de leur thème auront tendance à avoir davantage confiance en elles et à prendre de nombreuses initiatives en entrepreneurs motivés. Les personnes avec une majorité de planètes du côté droit de leur thème (l'hémisphère ouest) seront plus orientées vers les autres que vers eux-mêmes. Elles se demanderont moins ce que vous pouvez faire pour elles que ce qu'elles peuvent faire pour vous. Elles sont souvent très attentionnées et prévenantes.

Les douze maisons sont aussi divisées en quatre quadrants, ou quartes :

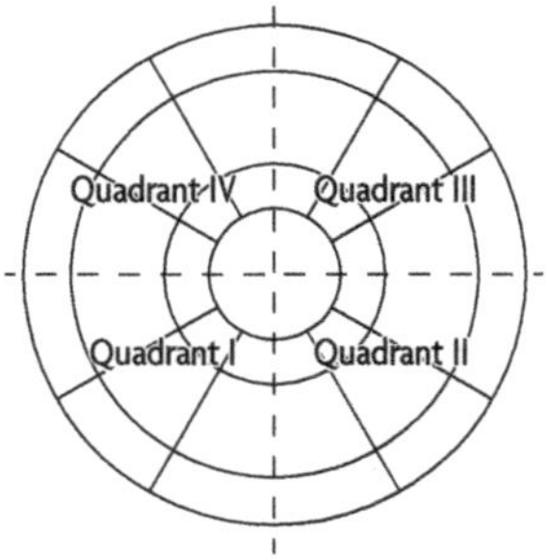

Schéma 7 : les quatre quadrants

Le premier quadrant – maisons 1, 2 et 3 – englobe les maisons de la conscience du Soi : c'est là que nous découvrons notre propre identité. Le second quadrant – maisons 4, 5 et 6 – définit l'expression du Soi : la façon dont nous nous présentons au monde, et dont nous nous intégrons à notre environnement.

Le troisième quadrant – maisons 7, 8 et 9 – désigne le domaine de la croissance du Soi et de l'identité sociale : notre conscience des autres. Le quatrième quadrant – maisons 10, 11 et 12 – définit l'expression sociale et le dépassement du Soi : la façon dont nous nous insérons dans la société.

Les maisons angulaires, succédentes et cadentes

On considère souvent que les maisons les plus importantes du thème sont les maisons 1, 4, 7 et 10. Il s'agit des maisons angulaires, nommées ainsi parce que leurs cuspides coïncident avec les quatre angles : l'ascendant, le FC, le descendant et le MC. Les planètes dans les maisons angulaires sont les plus susceptibles de vous influencer.

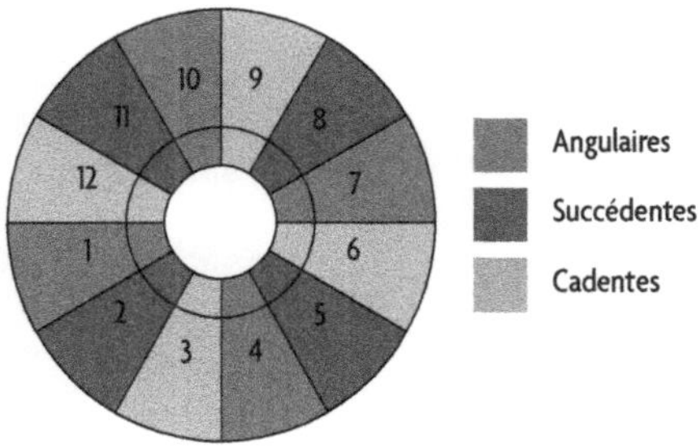

Schéma 8 : les maisons angulaires, succédentes et cadentes

Chaque maison angulaire est immédiatement suivie d'une maison succédente. Les planètes dans les maisons succédentes sont moins puissantes que celles dans les maisons angulaires, mais plus que celles dans la troisième catégorie : les maisons cadentes. En effet, les planètes succédentes « s'élèvent », alors que le mot « cadente » signifie « tomber » et forme d'ailleurs la racine du mot « cadavre ». Traditionnellement, les astrologues les considèrent comme les plus faibles.

Notez que la maison 11 est considérée comme plus puissante que les autres maisons succédentes, presque autant qu'une maison angulaire. Elle est appelée la maison de la chance et de la bonne humeur.

Les cuspides

En observant votre thème, vous remarquerez que les maisons sont séparées par des lignes : ce sont les cuspides. Une cuspide est une ligne imaginaire située entre chaque maison. Par exemple, la cuspide de la maison 2 est la ligne qui se trouve entre la maison 1 et la maison 2 : c'est là que démarre la maison 2. La cuspide 1 sépare la maison 12 de la maison 1.

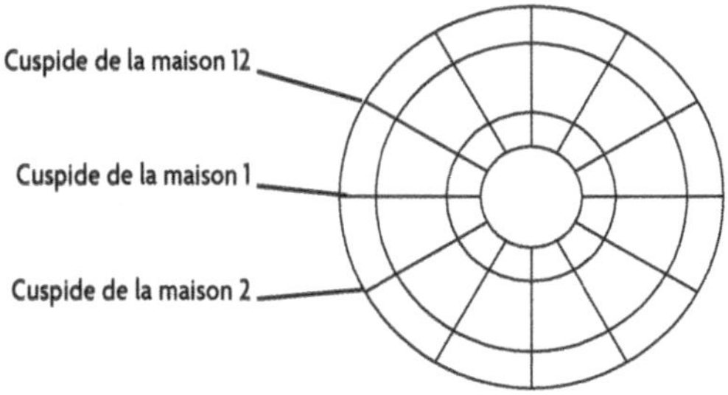

Schéma 9 : les « cuspides »

Vous aviez peut-être déjà entendu le terme « cuspide » dans la phrase « être né sur la cuspide ». Dans la bouche d'un astrologue, une personne née sur la cuspide de deux signes revient à dire qu'elle est née sur la cuspide des maisons : ils font référence à une personne née le jour où le Soleil passe au signe suivant - généralement entre le 19 et le 22 du mois. C'est le moment où le Soleil passe sur la cuspide.

Une idée reçue consiste à dire qu'être né « sur la cuspide » signifie être un mélange de deux signes. En réalité, indépendamment de savoir si l'on est né sur une cuspide ou pas, le Soleil (ainsi que la totalité des planètes et des points du thème) ne peut être que d'un seul signe.

La date où le Soleil change de signe varie d'une année sur l'autre ; ainsi, si vous êtes né sur la cuspide qui sépare deux signes, vérifiez lequel est bel et bien votre signe solaire (si ce n'est pas déjà fait). Vous pouvez pour cela vous rendre sur theastrologybook.com/freechart. Vous ne pouvez avoir qu'un seul signe solaire, même si vous êtes né à la première ou à la dernière minute du passage du Soleil dans ce signe.

Les dominants des cuspides

Dans le chapitre 2, vous avez identifié les signes qui dominent les maisons de votre thème. Le signe de chaque maison est important, car il lui procure un certain « éclat ». Votre ascendant étant la porte d'entrée de votre thème, le signe qui s'y trouve domine votre maison 1.

Cette information est capitale, en effet, les signes de toutes les autres maisons dépendent de ce premier signe. Ainsi, si vous êtes ascendant Scorpion, cela signifie que le Sagittaire domine votre maison 2 (je vous rappelle que les signes se suivent dans le sens contraire des aiguilles d'une montre dans cet ordre : Bélier, Taureau, Gémeaux, Cancer, Lion, Vierge, Balance, Scorpion, Sagittaire, Capricorne, Verseau et Poissons), et que vous abordez et traitez les situations liées à la maison 2 et donc à l'argent, à la propriété et aux possessions comme un Sagittaire.

Quant à votre maison 3, elle sera dirigée par le signe suivant : le Capricorne. Étant donné qu'il s'agit de la maison de la communication et du signe de la maturité, vous communiquez avec une maturité propre au Capricorne, et ainsi de suite.

Une fois que vous aurez bien intégré ce principe, vous comprendrez mieux comment deux personnes nées le même jour, mais pas à la même heure peuvent être totalement différentes. Une personne née à 6 heures pourrait par exemple avoir son Soleil en maison 12 ou 1, alors qu'une autre née le même jour, mais à midi aura plus de chance de l'avoir en maison 9 ou 10, et toutes deux auront un caractère très différent.

La signification des maisons

Voici à présent davantage de renseignements sur ce que les maisons désignent, ou dominent. Pendant votre lecture, gardez un œil sur votre thème. Les descriptions suivantes ne comprennent que des informations génériques, et, une fois que vous comprendrez bien le sens de chacune, vous devrez y ajouter une couche de sens supplémentaire à travers les caractéristiques du signe qui domine chaque maison (voir la section sur *La signification des signes*, pages 75-93).

Votre maison 8 (le sexe et l'argent) sera par exemple très différente si elle est dominée par le Bélier ou par la Vierge. Avec le Bélier, vous vous exprimerez sexuellement et traiterez vos finances communes comme un Bélier - c'est-à-dire avec énergie, vigueur, motivation, mais aussi avec charme ! Au contraire, l'humilité et la douceur de la Vierge vous amèneront à traiter ces questions de façon plus détaillée, soignée et modeste.

Le tableau ci-contre résume les différents domaines incarnés par chaque maison. Vous finirez par les mémoriser à force de vous entraîner. Relisez-les souvent et avec attention.

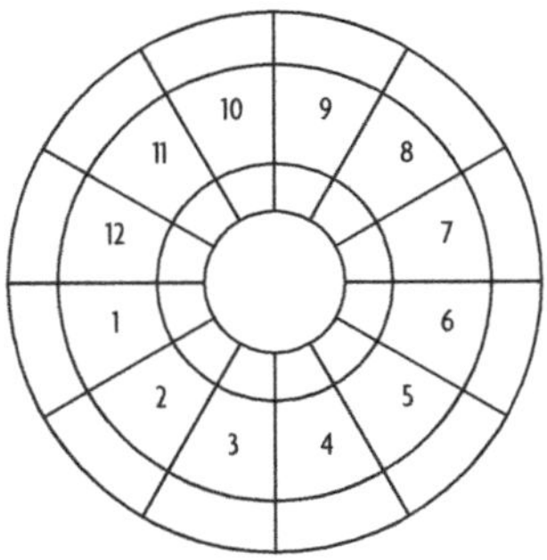

Schéma 10 : les douze maisons

Maison	Signification
1	L'apparence ; l'image que l'on renvoie ; le « masque » social
2	L'argent, la propriété, les biens possédés et l'amour-propre ; les valeurs ; la richesse matérielle ; ce qui a de l'importance
3	La communication ; les frères et sœurs ; les voisins ; les courts voyages ; les transports ; l'esprit
4	La maison et la famille ; l'endroit où l'on a sa place ; le socle émotionnel ; être installé
5	La romance ; la créativité et les enfants ; l'amusement ; les grossesses ; la drague ; la prise de risques
6	Le travail quotidien, la santé et les habitudes ; rendre service aux autres ; les soins alternatifs ; la situation professionnelle
7	Les partenariats (professionnels et personnels) ; les relations un à un ; le mariage ; les alliances, les ennemis
8	La naissance ; la mort ; les mystères de la vie ; la renaissance ; les transformations ; le sexe ; les finances communes
9	Les voyages ; les études et la Grande Quête cosmique ; élargir son horizon ; prendre du recul
10	La carrière et les ambitions ; la façon dont on marque le monde ; les objectifs, la vie publique ; la réputation
11	Les amis ; les cercles sociaux ; les groupes et clubs ; les espoirs et les aspirations spirituelles
12	L'autosabotage ; la peur ; les rêves ; le Soi intérieur ; les secrets ; le dépassement de soi ; les retraites ; la méditation ; la connexion

Maison 1

Elle détermine la façon dont les autres vous perçoivent : votre image.

La maison 1 détermine la première impression que l'on donne de soi. Comme nous l'avons expliqué plus haut, la maison 1 est dominée par l'ascendant qui en détermine le signe. Traditionnellement, les astrologues prétendent qu'elle caractérise l'apparence physique, mais je n'en suis pas convaincue. Pour moi, elle fixe avant tout l'apparence superficielle – la façon de s'habiller et le style.

Quoi qu'il en soit, c'est la partie de vous que les autres voient en premier quand ils vous rencontrent. C'est votre carte de visite, votre vitrine et votre marque, rassemblées en un tout. Une fois que vous connaissez le signe de votre maison 1, intéressez-vous à la planète qui domine ce signe. Toutes les autres maisons partent de celle-ci.

Maison 2

L'argent, la propriété, les possessions et l'amour-propre.

C'est une maison épatante, notamment parce qu'elle a beaucoup à nous apprendre sur les connexions énergétiques entre l'amour-propre et l'argent. Si vous connaissez un peu la loi de l'attraction, vous savez que l'argent se manifeste en relation directe avec la valeur que l'on s'accorde, à soi ou à ses talents, à ses services et à ce que l'on a à offrir au monde.

Cette maison désigne un domaine matériel : elle décrit la condition et la situation financière du thème. Elle détermine aussi ce qui nous est cher, ce que nous estimons. L'argent vous brûle-t-il les mains ? Êtes-vous généreux ou avare ? Tout cela dépend pour beaucoup de votre maison 2 : quel signe la domine, quelle(s) planète(s) s'y trouvai(en)t au moment de votre naissance, et quelle(s) planète(s) s'y trouve(nt) actuellement (nous en reparlerons plus tard) ?

Maison 3

La maison de la communication, des frères et sœurs et des voisins.

La maison 3 est avant tout la maison de la communication. Elle fixe la façon dont une personne écoute, parle et pense. Elle concerne également la vie quotidienne – les voisins, les frères et sœurs, les automatismes et les petits déplacements. C'est la maison des lettres et des livres, qui caractérise notre façon de dire les choses, mais aussi ce qui nous pousse à les dire. Son signe vous en dira long sur ce que les autres entendent quand vous parlez (comme avec Mercure). Donnez-vous l'impression d'être érudit (Capricorne), instinctif (Poissons), attentif (Cancer) ou désinvolte (Sagittaire) ?

Cette partie du thème délimite également l'éducation élémentaire et les raisonnements. Plus important encore, il s'agit de la maison de la connexion aux autres, de la discussion et des échanges. Je trouve que la maison 3 est en quelque sorte une partie très amusante du thème : c'est celle où l'on prend un café avec ses voisins, où l'on sort faire de petites balades et où l'on s'affaire au quotidien.

Maison 4

Encadre la maison et la famille.

Voici la partie du thème consacrée au foyer et à la famille, qui fixe notre sentiment d'appartenance et les personnes avec lesquelles on se sent en famille. Le signe qui la domine en dit long sur le genre de vie familiale que vous aviez dans le passé et que vous avez aujourd'hui, et sur le genre de foyer vous souhaitez créer. Si vous avez besoin de guérir des peines ou des désaccords familiaux, votre maison 4 vous aidera à comprendre d'où ils viennent et comment les arranger.

En outre, cette maison désigne l'utérus, et constitue la « cave » de votre thème : elle s'intéresse au passé et à ce qu'on range dans un carton dans le grenier de la vie (c'est pour cela que la famille s'y trouve, ainsi que les personnes avec lesquelles vous avez partagé votre passé et qui ont participé à faire de vous l'adulte que vous êtes aujourd'hui). C'est la maison de l'instinct et des lieux où l'on se sent en sécurité. Les parents en général, et le père plus spécifiquement, sont aussi représentés ici.

Maison 5

La maison de la romance, de la créativité et des enfants.

Nous voici dans la partie amusante de votre thème, associée à la romance, à la créativité et aux enfants (les vôtres ou ceux des autres). La maison 5 abrite votre côté enjoué et vos activités du week-end. C'est là que vous vous exprimez et prenez même des risques personnels. C'est la maison du flirt et des moments agréables. Le signe qui la domine vous donnera des pistes pour passer un bon moment.

La maison 5 est aussi la maison des aventures amoureuses. Notez que la maison 7 s'intéresse davantage aux relations et à l'amour profonds, ce qui est différent. La maison 5 est la maison de la poursuite et de la séduction, mais aussi des plaisirs. Elle englobe également tout ce que vous aimez faire, y compris votre créativité, quelle qu'elle soit - certaines personnes sont créatives en cuisine, d'autres avec les codes informatiques. Enfin, les hobbies, le plaisir et l'amusement relèvent de cette maison.

Maison 6

Le travail quotidien, la santé et les habitudes.

Bienvenue dans la maison du travail ! La maison 6 est celle de la vie de tous les jours, où nous gagnons notre pain quotidien. C'est ici que nous faisons des choses pour les autres et que nous nous acquittons de notre devoir professionnel. C'est la partie de l'horoscope où l'on « coche » ce qui est fait - certes pas la partie la plus glamour, mais très pratique et pragmatique. C'est aussi la maison des routines du matin et du soir et de la façon dont on prend soin de soi.

En effet, c'est ici que vous verrez si vous prenez soin de vous ou pas. La maison 6 (traditionnellement appelée « maison de la santé ») est d'ailleurs très portée sur les thérapies alternatives : elle vous guidera dans le choix de votre spécialiste bien-être, et tant mieux s'il sait utiliser un cataplasme, concocter des potions ou pratiquer le reiki. C'est aussi la maison des animaux de compagnie.

Maison 7

Renvoie à vos compagnons et à vos ennemis.

Bienvenue dans la maison de l'amour. Il s'agit en réalité autant de la maison des partenariats que de l'amour, mais, avouons-le, le côté amoureux de la maison 7 est assez séduisant. C'est ici que vous trouverez votre descendant (ou ligne d'amour). C'est la maison de l'autre, autrement dit des personnes importantes de votre vie. Il s'agit souvent de l'être aimé, d'un ex, ou même de personnes qui sont plus des ennemis que des amis, mais qui occupent une place importante dans votre vie. Il peut aussi s'agir de vos meilleurs amis, de vos partenaires professionnels ou de vos supérieurs hiérarchiques. En bref, n'importe quel personnage officiel de votre vie.

À l'instar du septième signe, la Balance, la maison 7 s'intéresse à la façon dont nous nous lions aux autres : toi et moi ; toi contre moi ; l'image que j'ai de moi à travers toi. Elle peut vous montrer votre Vous idéal : la personne que vous souhaiteriez être (contrairement à l'ascendant, qui définit l'image que vous renvoyez, qu'elle vous plaise ou non !). C'est la maison du « vous et eux », où vous proclamez qu'untel est votre petit ami ou votre mari. Le signe qui la domine peut s'avérer très instructif quant aux personnes dont vous tombez amoureux. C'est ici que l'on s'engage envers ceux avec qui on se contentait de flirter en maison 5.

Maison 8

Elle dirige le sexe et les ressources des autres.

Je trouve cette maison assez lugubre - de nombreux anciens manuscrits d'astrologie l'associent notamment à la mort.

Toutefois, si la maison 8 était autrefois la maison de la mort, on l'envisage aujourd'hui d'un point de vue plus lumineux : elle est aussi la maison de la renaissance. Cette considération apporte un éclairage presque bouddhiste sur ce domaine qui demeure, autrement, un peu effrayant. Pensez à cette maison comme au phénix qui renaît de ses cendres ou aux feuilles qui se désagrègent et sont absorbées par la terre, avant de revenir à la vie quand une nouvelle plante fleurit.

Il s'agit également de la maison du sexe. Le sexe et la mort ? Le français utilise bien l'expression « la petite mort » pour désigner l'orgasme sexuel, allez comprendre... La maison 8 est aussi la maison de ce qu'on abandonne – qui a aussi un rapport avec le sexe. Ce qui est amusant, c'est que cette partie de l'horoscope est aussi traditionnellement associée aux finances communes, par exemple aux dettes liées aux cartes de crédit, aux salaires et même aux emprunts immobiliers, qu'on pourrait associer à la maison 4, mais qui se retrouvent en fait ici. Si vous créez un joint-venture avec quelqu'un, vous activez votre maison 8. C'est aussi la maison des tabous : tout ce dont vous n'aimez pas parler, comme le sexe, la mort et les impôts.

Maison 9

Dirige les voyages, les études et la Grande Quête cosmique du sens de la vie.

Il s'agit de la zone aventureuse du thème. Elle abrite les voyages longue distance où l'on part à la découverte du monde. C'est aussi la partie du thème où l'on se lance dans des quêtes cosmiques, en espérant comprendre la vie et ses mystères. En conséquence, la maison 9 est aussi associée aux philosophies de vie.

Il s'agit aussi de la zone consacrée aux études, où les gens s'élèvent grâce aux études supérieures ou élargissent leur point de vue de n'importe quelle façon. C'est l'endroit du thème où l'on prend assez de recul pour accéder à la fameuse « vue d'ensemble » de notre vie, et je considère que c'est ici que l'on peut faire le bilan de ce qu'elle nous a offert. Le signe qui domine cette maison vous donnera une idée de votre rapport aux voyages. Elle est aussi associée aux questions juridiques.

Maison 10

Englobe les ambitions et la carrière, la trace que vous laisserez dans le monde.

Voici le point le plus haut, ou apogée, de votre thème. Dans d'autres systèmes de domification, le MC se trouve sur la cuspide de la maison 10, mais comme nous utilisons le système des signes entiers, il se trouve ailleurs. La maison 10 renferme l'objectif de votre vie présente, et la façon dont vous pourrez l'atteindre. Elle fixe la façon dont vous marquerez le monde, et votre place dans la société, votre statut. Avez-vous l'impression d'être venu sur Terre pour accomplir de grandes choses ? Votre maison 10 vous en dira plus.

Si quelqu'un vous demande des renseignements sur sa vie professionnelle, tournez-vous vers sa maison 10. Cette personne est-elle ambitieuse ? Cette partie du thème vous le révélera. Quel signe domine cette maison ? Quelle(s) planète(s) s'y trouve(nt) ? De nombreuses personnes sont à l'aise avec leur maison 6, autrement dit leur travail quotidien, mais la maison 10 décrit la trajectoire globale de la carrière, et c'est ici que nous décidons d'être ambitieux ou non. Elle détermine la façon dont nous nous démarquons et laissons une trace, même sans travailler un seul jour de notre vie. C'est aussi la maison de la réputation.

Maison 11

Gouverne les amis, les cercles et les réseaux sociaux, ce que l'on souhaite.

Il s'agit de la maison des amis, des cercles sociaux où l'on évolue et des réseaux sociaux auxquels on appartient : en bref, la maison qui détermine si l'on est bien connecté ou non. Vous y trouverez notamment les personnes que vous fréquentez et avec lesquelles vous passez du temps. C'est la maison de ceux qui vous tiennent compagnie, que vous considérez comme des âmes sœurs. Vous faites partie d'une équipe, et la maison 11 détermine si votre rôle vous convient. C'est la maison des pairs.

La maison 11 décrit le genre d'ami que l'on est. Vos amis vous permettent-ils d'assimiler de nombreuses leçons de vie ? Si c'est le cas, il est probable que Saturne domine ou se trouve dans votre maison 11. Adorez-vous vos amis d'un amour réciproque ? Votre Vénus se trouve peut-être en maison 11. Vos amis sont-ils votre priorité ? Votre Soleil se trouve peut-être en maison 11.

Quand cette maison est activée (par exemple à l'occasion d'une nouvelle lune ou d'une pleine lune, ou quand une planète s'y trouve et forme un aspect avec d'autres planètes), des questions liées aux amis surgissent. Cette partie du thème représente également les idéaux : ce à quoi on aspire. Avec un peu de chance, vos amis constitueront plus une source d'inspiration qu'une mauvaise influence. Enfin, il s'agit de la maison de ce que nous autres astrologues appelons « la chose demandée ». Autrement dit, cette partie de votre thème désigne ce que vous souhaitez.

Maison 12

La maison des peurs et de la vie spirituelle.

C'est la partie du thème où l'on peut se retirer, se reposer, se réfugier. C'est ici que l'on se rend lorsqu'on en a assez et que l'on a besoin de faire le plein d'énergie et d'émotions positives. Notre façon de procéder dépend de la planète et du signe à la cuspide de la maison 12. Il s'agit également – ce qui peut faire un peu peur - de la maison du sabordage, alors faites attention à vous. Connaître sa maison 12 permet d'identifier les moments où l'on se tire une balle dans le pied et de trouver comment y remédier.

C'est aussi la partie du thème où l'on est le plus fortement connecté à sa vie spirituelle. Les astrologues traditionnels ne seront pas d'accord, mais l'astrologie moderne relie la maison 12 à la planète de la poésie et des connexions divines : Neptune, planète associée aux Poissons depuis sa découverte en 1846. Pour moi, c'est la partie la plus profonde, la plus sombre et la plus privée du thème, l'endroit où nous nous connectons aux autres dimensions. Parfois associée à la souffrance et au sacrifice, la maison 12 est aussi la maison des anges et des guides qui nous épaulent lors des moments difficiles.

Les signes qui dominent vos maisons

Il est très facile de deviner les signes qui dominent les maisons d'une personne à partir de son ascendant, étant donné que tous se suivent selon l'ordre traditionnel, et dans le sens contraire des aiguilles d'une montre. Le signe qui se trouve à la cuspide d'une maison en colore les thèmes.

Voici un guide rapide pour identifier vos maisons, comprendre quel signe les domine et ce que cela implique.

Bélier ou ascendant Bélier

- **Bélier** domine votre maison 1 - vous dégagez une énergie Bélier.
- **Taureau** domine votre maison 2 - vous dépensez et économisez à la façon du Taureau.
- **Gémeaux** domine votre maison 3 - vous pensez et communiquez à la façon des Gémeaux.

- **Cancer** domine votre maison 4 - votre foyer et votre vie familiale ont un parfum très Cancer.
- **Lion** domine votre maison 5 - vous vous amusez à la façon du Lion.
- **Vierge** domine votre maison 6 - votre vie quotidienne se déroule au rythme de la Vierge.
- **Balance** domine votre maison 7 - vous vous liez aux autres à la façon de la Balance.
- **Scorpion** domine votre maison 8 - vous dépensez votre argent et faites l'amour à la façon du Scorpion.
- **Sagittaire** domine votre maison 9 - vous explorez la vie à la façon du Sagittaire.
- **Capricorne** domine votre maison 10 - professionnellement, vous êtes Capricorne.
- **Verseau** domine votre maison 11 - vous adoptez un comportement très Verseau avec vos amis.
- **Poissons** domine votre maison 12 - vous êtes très Poissons sur le plan spirituel.

Taureau ou ascendant Taureau

- **Taureau** domine votre maison 1 - vous dégagez une énergie Taureau.
- **Gémeaux** domine votre maison 2 - vous dépensez et économisez à la façon des Gémeaux.
- **Cancer** domine votre maison 3 - vous pensez et communiquez à la façon du Cancer.
- **Lion** domine votre maison 4 - votre foyer et votre vie familiale ont un parfum très Lion.
- **Vierge** domine votre maison 5 - vous vous amusez à la façon de la Vierge.

- **Balance** domine votre maison 6 - votre vie quotidienne se déroule au rythme de la Balance.
- **Scorpion** domine votre maison 7 - vous vous liez aux autres à la façon du Scorpion.
- **Sagittaire** domine votre maison 8 - vous dépensez votre argent et faites l'amour à la façon du Sagittaire.
- **Capricorne** domine votre maison 9 - vous explorez la vie à la façon du Capricorne.
- **Verseau** domine votre maison 10 - professionnellement, vous êtes Verseau.
- **Poissons** domine votre maison 11 - vous adoptez un comportement très Poissons avec vos amis.
- **Bélier** domine votre maison 12 - vous êtes très Bélier sur le plan spirituel.

Gémeaux ou ascendant Gémeaux

- **Gémeaux** dirige votre maison 1 - vous dégagez une énergie Gémeaux.
- **Cancer** dirige votre maison 2 - vous dépensez et économisez à la façon du Cancer.
- **Lion** dirige votre maison 3 - vous pensez et communiquez à la façon du Lion.
- **Vierge** dirige votre maison 4 - votre foyer et votre vie familiale ont un parfum très Vierge.
- **Balance** dirige votre maison 5 - vous vous amusez à la façon de la Balance.
- **Scorpion** dirige votre maison 6 - votre vie quotidienne se déroule au rythme du Scorpion.

- **Sagittaire** dirige votre maison 7 - vous vous liez aux autres à la façon du Sagittaire.
- **Capricorne** dirige votre maison 8 - vous dépensez votre argent et faites l'amour à la façon du Capricorne.
- **Verseau** dirige votre maison 9 - vous explorez la vie à la façon du Verseau.
- **Poissons** dirige votre maison 10 - professionnellement, vous êtes Poissons.
- **Bélier** dirige votre maison 11 - vous adoptez un comportement très Bélier avec vos amis.
- **Taureau** dirige votre maison 12 - vous êtes très Taureau sur le plan spirituel.

Cancer ou ascendant Cancer

- **Cancer** dirige votre maison 1 - vous dégagez une énergie Cancer.
- **Lion** dirige votre maison 2 - vous dépensez et économisez à la façon du Lion.
- **Vierge** dirige votre maison 3 - vous pensez et communiquez à la façon de la Vierge.
- **Balance** dirige votre maison 4 - votre foyer et votre vie familiale ont un parfum très Balance.
- **Scorpion** dirige votre maison 5 - vous vous amusez à la façon du Scorpion.
- **Sagittaire** dirige votre maison 6 - votre vie quotidienne se déroule au rythme du Sagittaire.
- **Capricorne** dirige votre maison 7 - vous vous liez aux autres à la façon du Capricorne.

- **Verseau** dirige votre maison 8 - vous dépensez votre argent et faites l'amour à la façon du Verseau.
- **Poissons** dirige votre maison 9 - vous explorez la vie à la façon des Poissons.
- **Bélier** dirige votre maison 10 - professionnellement, vous êtes Bélier.
- **Taureau** dirige votre maison 11 - vous adoptez un comportement très Taureau avec vos amis.
- **Gémeaux** dirige votre maison 12 - vous êtes très Gémeaux sur le plan spirituel.

Lion ou ascendant Lion

- **Lion** dirige votre maison 1 - vous dégagez une énergie Lion.
- **Vierge** dirige votre maison 2 - vous dépensez et économisez à la façon de la Vierge.
- **Balance** dirige votre maison 3 - vous pensez et communiquez à la façon de la Balance.
- **Scorpion** dirige votre maison 4 - votre foyer et votre vie familiale ont un parfum très Scorpion.
- **Sagittaire** dirige votre maison 5 - vous vous amusez à la façon du Sagittaire.
- **Capricorne** dirige votre maison 6 - votre vie quotidienne se déroule au rythme du Capricorne.
- **Verseau** dirige votre maison 7 - vous vous liez aux autres à la façon du Verseau.
- **Poissons** dirige votre maison 8 - vous dépensez votre argent et faites l'amour à la façon des Poissons.
- **Bélier** dirige votre maison 9 - vous explorez la vie à la façon du Bélier.

- **Taureau** dirige votre maison 10 - professionnellement, vous êtes Taureau.
- **Gémeaux** dirige votre maison 11 - vous adoptez un comportement très Gémeaux avec vos amis.
- **Cancer** dirige votre maison 12 - vous êtes très Cancer sur le plan spirituel.

Vierge ou ascendant Vierge

- **Vierge** dirige votre maison 1 - vous dégagez une énergie Vierge.
- **Balance** dirige votre maison 2 - vous dépensez et économisez à la façon de la Balance.
- **Scorpion** dirige votre maison 3 - vous pensez et communiquez comme un Scorpion.
- **Sagittaire** dirige votre maison 4 - votre foyer et votre vie familiale ont un parfum très Sagittaire.
- **Capricorne** dirige votre maison 5 - vous vous amusez à la façon du Capricorne.
- **Verseau** dirige votre maison 6 - votre vie quotidienne se déroule au rythme du Verseau.
- **Poissons** dirige votre maison 7 - vous vous liez aux autres à la façon des Poissons.
- **Bélier** dirige votre maison 8 - vous dépensez votre argent et faites l'amour à la façon du Bélier.
- **Taureau** dirige votre maison 9 - vous explorez la vie à la façon du Taureau.
- **Gémeaux** dirige votre maison 10 - professionnellement, vous êtes Gémeaux.

- **Cancer** dirige votre maison 11 - vous adoptez un comportement très Cancer avec vos amis.
- **Lion** dirige votre maison 12 - vous êtes très Lion sur le plan spirituel.

Balance ou ascendant Balance

- **Balance** dirige votre maison 1 - vous dégagez une énergie Balance.
- **Scorpion** dirige votre maison 2 - vous dépensez et économisez à la façon du Scorpion.
- **Sagittaire** dirige votre maison 3 - vous pensez et communiquez à la façon du Sagittaire.
- **Capricorne** dirige votre maison 4 - votre foyer et votre vie familiale ont un parfum très Capricorne.
- **Verseau** dirige votre maison 5 - vous vous amusez à la façon du Verseau.
- **Poissons** dirige votre maison 6 - votre vie quotidienne se déroule au rythme des Poissons.
- **Bélier** dirige votre maison 7 - vous vous liez aux autres à la façon du Bélier.
- **Taureau** dirige votre maison 8 - vous dépensez votre argent et faites l'amour à la façon du Taureau.
- **Gémeaux** dirige votre maison 9 - vous explorez la vie à la façon des Gémeaux.
- **Cancer** dirige votre maison 10 - professionnellement, vous êtes Cancer.
- **Lion** dirige votre maison 11 - vous adoptez un comportement très Lion avec vos amis.

- **Vierge** dirige votre maison 12 - vous êtes très Vierge sur le plan spirituel.

Scorpion ou ascendant Scorpion

- **Scorpion** dirige votre maison 1 - vous dégagez une énergie Scorpion.
- **Sagittaire** dirige votre maison 2 - vous dépensez et économisez à la façon du Sagittaire.
- **Capricorne** dirige votre maison 3 - vous pensez et communiquez à la façon du Capricorne.
- **Verseau** dirige votre maison 4 - votre foyer et votre vie familiale ont un parfum très Verseau.
- **Poissons** dirige votre maison 5 - vous vous amusez à la façon des Poissons.
- **Bélier** dirige votre maison 6 - votre vie quotidienne se déroule au rythme du Bélier.
- **Taureau** dirige votre maison 7 - vous vous liez aux autres à la façon du Taureau.
- **Gémeaux** dirige votre maison 8 - vous dépensez votre argent et faites l'amour à la façon des Gémeaux.
- **Cancer** dirige votre maison 9 - vous explorez la vie à la façon du Cancer.
- **Lion** dirige votre maison 10 - professionnellement, vous êtes Lion.
- **Vierge** dirige votre maison 11 - vous adoptez un comportement très Vierge avec vos amis.
- **Balance** dirige votre maison 12 - vous êtes très Balance sur le plan spirituel.

Sagittaire ou ascendant Sagittaire

- **Sagittaire** dirige votre maison 1 - vous dégagez une énergie Sagittaire.
- **Capricorne** dirige votre maison 2 - vous dépensez et économisez à la façon du Capricorne.
- **Verseau** dirige votre maison 3 - vous pensez et communiquez à la façon du Verseau.
- **Poissons** dirige votre maison 4 - votre foyer et votre vie familiale ont un parfum très Poissons.
- **Bélier** dirige votre maison 5 - vous vous amusez à la façon du Bélier.
- **Taureau** dirige votre maison 6 - votre vie quotidienne se déroule au rythme du Taureau.
- **Gémeaux** dirige votre maison 7 - vous vous liez aux autres à la façon des Gémeaux.
- **Cancer** dirige votre maison 8 - vous dépensez votre argent et faites l'amour à la façon du Cancer.
- **Lion** dirige votre maison 9 - vous explorez la vie à la façon du Lion.
- **Vierge** dirige votre maison 10 - professionnellement, vous êtes Vierge.
- **Balance** dirige votre maison 11 - vous adoptez un comportement très Balance avec vos amis.
- **Scorpion** dirige votre maison 12 - vous êtes très Scorpion sur le plan spirituel.

Capricorne ou ascendant Capricorne

- **Capricorne** dirige votre maison 1 - vous dégagez une énergie Capricorne.

- **Verseau** dirige votre maison 2 – vous dépensez et économisez à la façon du Verseau.
- **Poissons** dirige votre maison 3 – vous pensez et communiquez à la façon des Poissons.
- **Bélier** dirige votre maison 4 – votre foyer et votre vie familiale ont un parfum très Bélier.
- **Taureau** dirige votre maison 5 – vous vous amusez à la façon du Taureau.
- **Gémeaux** dirige votre maison 6 – votre vie quotidienne se déroule au rythme des Gémeaux.
- **Cancer** dirige votre maison 7 – vous vous liez aux autres à la façon du Cancer.
- **Lion** dirige votre maison 8 – vous dépensez votre argent et faites l'amour à la façon du Lion.
- **Vierge** dirige votre maison 9 – vous explorez la vie à la façon de la Vierge.
- **Balance** dirige votre maison 10 – professionnellement, vous êtes Balance.
- **Scorpion** dirige votre maison 11 – vous adoptez un comportement très Scorpion avec vos amis.
- **Sagittaire** dirige votre maison 12 – vous êtes très Sagittaire sur le plan spirituel.

Verseau ou ascendant Verseau

- **Verseau** dirige votre maison 1 – vous dégagez une énergie Verseau.
- **Poissons** dirige votre maison 2 – vous dépensez et économisez à la façon des Poissons.

- **Bélier** dirige votre maison 3 - vous pensez et communiquez à la façon du Bélier.
- **Taureau** dirige votre maison 4 - votre foyer et votre vie familiale ont un parfum très Taureau.
- **Gémeaux** dirige votre maison 5 - vous vous amusez à la façon des Gémeaux.
- **Cancer** dirige votre maison 6 - votre vie quotidienne se déroule au rythme du Cancer.
- **Lion** dirige votre maison 7 - vous vous liez aux autres à la façon du Lion.
- **Vierge** dirige votre maison 8 - vous dépensez votre argent et faites l'amour à la façon de la Vierge.
- **Balance** dirige votre maison 9 - vous explorez la vie à la façon de la Balance.
- **Scorpion** dirige votre maison 10 - professionnellement, vous êtes Scorpion.
- **Sagittaire** dirige votre maison 11 - vous adoptez un comportement très Sagittaire avec vos amis.
- **Capricorne** dirige votre maison 12 - vous êtes très Capricorne sur le plan spirituel.

Poissons ou ascendant Poissons

- **Poissons** dirige votre maison 1 - vous dégagez une énergie Poissons.
- **Bélier** dirige votre maison 2 - vous dépensez et économisez à la façon du Bélier.
- **Taureau** dirige votre maison 3 - vous pensez et communiquez à la façon du Taureau.

- **Gémeaux** dirige votre maison 4 - votre foyer et votre vie familiale ont un parfum très Gémeaux.
- **Cancer** dirige votre maison 5 - vous vous amusez à la façon du Cancer.
- **Lion** dirige votre maison 6 - votre vie quotidienne se déroule au rythme du Lion.
- **Vierge** dirige votre maison 7 - vous vous liez aux autres à la façon de la Vierge.
- **Balance** dirige votre maison 8 - vous dépensez votre argent et faites l'amour à la façon de la Balance.
- **Scorpion** dirige votre maison 9 - vous explorez la vie à la façon du Scorpion.
- **Sagittaire** dirige votre maison 10 - professionnellement, vous êtes Sagittaire.
- **Capricorne** dirige votre maison 11 - vous adoptez un comportement très Capricorne avec vos amis.
- **Verseau** dirige votre maison 12 - vous êtes très Verseau sur le plan spirituel.

Exercice d'application

Notez les maisons où se trouvent vos planètes.

Parcourez votre thème et relevez les maisons où se trouvent vos planètes, puis mémorisez les informations sur ce que cela implique dans votre vie ci-dessous.

Mon Soleil est en maison ______ . C'est ici que je rayonne.

Ma Lune est en maison ______ . C'est ce dont j'ai besoin.

Ma Mercure est en maison ______ . C'est ce qui occupe beaucoup de mes pensées.

Ma Vénus est en maison ______. C'est ce que j'aime.

Ma Mars est en maison ______. C'est le domaine où je me bats.

Ma Jupiter est en maison ______. C'est là où j'ai le plus de chance.

Ma Saturne est en maison ______. C'est ici que la vie me réserve des leçons.

Mon Uranus est en maison ______. C'est ici que je suis sujet au changement.

Ma Neptune est en maison ______. C'est ici que je suis inspiré, ou que je porte peut-être des œillères.

Ma Pluton est en maison ______. C'est ici que je suis mûr pour une transformation.

RÉSUMÉ

Dans ce chapitre, vous avez approfondi vos connaissances astrologiques grâce aux douze maisons. Vous connaissez maintenant les différentes parties de l'horoscope et leur importance. Vous savez que les maisons sont divisées en trois sous-parties : les maisons angulaires, succédentes et cadentes. De plus, vous avez pris connaissance de la signification de chacune d'entre elles. Vous avez aussi appris qu'il est nécessaire de vérifier par quel signe elles sont dominées. Il s'agit d'informations indispensables que vous devez assimiler et avec lesquelles vous travaillerez.

Partie II

POUR ALLER PLUS LOIN

Chapitre 8

Les degrés, les aspects et les orbes

Prenez votre thème natal et regardez en haut à droite. Vous y trouverez un tableau contenant les glyphes planétaires suivis d'une série de chiffres. Ils indiquent le degré exact du signe où se trouvait chaque planète au moment de votre naissance.

Les degrés – rassemblés dans un almanach astrologique appelé éphéméride (voir page 248) – sont indispensables pour mieux comprendre un thème astral. Malheureusement, c'est souvent le moment où la plupart des élèves abandonnent leur apprentissage, considérant que c'est un sujet trop compliqué et « mathématique ».

Ne baissez pas les bras ! Je suis loin d'être une experte en maths, et il est beaucoup plus aisé de comprendre les degrés aujourd'hui, grâce aux ordinateurs. Allons-y progressivement.

Identifier les degrés dans un thème

Comme vous le savez, en astrologie moderne, les horoscopes sont dessinés sous la forme de cercles. Chaque cercle fait 360 degrés, et le thème est divisé en douze sections égales (les signes et les maisons). Chacune de ces sections contient donc 30 degrés, ce qui revient à dire que chaque signe s'étend sur 30 degrés (notez qu'en astrologie, nous comptons de 0 à 29 et non de 1 à 30).

Chaque degré vaut ensuite de 0 à 59 minutes et secondes : un signe s'étend donc de 00' 00'' à 59' 59'' (n'oubliez pas que le sens de lecture d'un thème est toujours contraire aux aiguilles d'une montre, y compris pour compter les degrés). Voici un exemple de ce que vous pourrez observer dans le tableau à côté de votre horoscope :

☉ 14° 23′ 33″ ♈

Cela signifie que le Soleil se trouve à 23 minutes et 33 secondes du 14e degré du Bélier.

Notez que chacun des 360 degrés du thème abrite potentiellement une planète, une cuspide ou n'importe quel autre point.

Exercice d'application

Notez les degrés où se trouvent vos planètes.

Utilisez le tableau de votre horoscope pour compléter la liste suivante (nous ne noterons pas les secondes pour l'instant) :

Mon Soleil se trouve en ________ (signe) à ________ minutes du ________ degré.

Ma Lune se trouve en ________ (signe) à ________ minutes du ________ degré.

Mon ascendant se trouve en ________ (signe) à ________ minutes du ________ degré.

Ma Mercure se trouve en ________ (signe) à ________ minutes du ________ degré.

Ma Vénus se trouve en ________ (signe) à ________ minutes du ________ degré.

Ma Mars se trouve en ________ (signe) à ________ minutes du ________ degré.

Ma Jupiter se trouve en ________ (signe) à ________ minutes du ________ degré.

Ma Saturne se trouve en ________ (signe) à ________ minutes du ________ degré.

Mon Uranus se trouve en ________ (signe) à ________ minutes du ________ degré.

Ma Neptune se trouve en ________ (signe) à ________ minutes du ________ degré.

Ma Pluton se trouve en ________ (signe) à ________ minutes du ________ degré.

Pourquoi calcule-t-on les degrés ?

Déterminer les degrés permet de :

1. Calculer les angles - ou « aspects » - que forment les planètes dans le thème : comment s'assemblent-elles, se trouvent-elles dans des parties opposées du thème ou encore dans une même partie (en formant ce qu'on appelle une conjonction - voir ci-dessous).
2. Mesurer les angles (aspects) que les planètes en transit (les planètes dans le ciel en ce moment) forment avec celles du thème.
3. Découvrir les aspects formés par les planètes de deux personnes différentes pour en déterminer la compatibilité.

4. Déterminer les aspects formés par les planètes en transit, si vous souhaitez avoir un aperçu de ce qui se passe dans le ciel à l'instant T.

Mais qu'appelle-t-on un angle, ou aspect ?

Les aspects (ou angles) planétaires

Quand deux planètes se connectent, on appelle ça un aspect - ou angle. On identifie ces connexions en s'intéressant aux degrés. Par exemple, quand une planète se trouve sur le 15e degré d'un signe de feu ou d'air, et une seconde sur le 15e degré (à 5 degrés près) d'un autre signe de feu ou d'air, on dira qu'elles forment un aspect harmonieux (feu et feu, air et air ou feu et air s'assemblent). Il en irait de même si deux planètes se trouvaient à maximum 5 degrés d'écart dans des signes de terre ou d'eau : elles formeraient également un aspect harmonieux.

Cependant, si une ou plusieurs planètes se trouvent sur le 23e degré d'un signe d'eau, et une ou plusieurs autres sur le 23e degré (à 5 degrés près) d'un signe de feu ou d'air, on dira que ces planètes forment un aspect dissonant.

Les aspects sont très importants lorsqu'on interprète un thème astral. Ils permettent de déterminer la façon dont l'énergie des signes et des planètes se manifeste. À partir de l'aspect que forment les planètes entre elles (ou avec les angles du thème), on peut voir, entre autres, si nous ferons face à des difficultés (aspect dissonant) ou si les choses se passeront en douceur (aspect harmonieux). Vous ne comprendrez jamais totalement votre propre thème ni celui de qui que ce soit si vous ne maîtrisez pas ce concept.

Les conjonctions, les sextiles, les carrés, les trigones et les oppositions

L'astrologie de base s'appuie sur cinq aspects principaux : les conjonctions, les sextiles, les carrés, les trigones et les oppositions. Il s'agit toutefois d'une simplification, puisque le mot « aspect » signifie « vue » et que deux planètes situées l'une à côté de l'autre ne peuvent pas se voir. Techniquement, une conjonction n'est donc pas un aspect. Nous devrions plutôt parler des « conjonctions et des aspects », bien qu'une conjonction soit aujourd'hui traitée comme un aspect.

En regardant le cercle central de votre horoscope, vous apercevrez des lignes reliant les planètes entre elles. Chaque ligne est accompagnée d'un glyphe correspondant à un aspect : comme les autres points du thème (les signes et les planètes), ils sont représentés par un symbole. Le tableau ci-dessous présente le glyphe de chaque aspect et précise le nombre de degrés qui doit séparer les planètes et autres points du thème pour le former.

Nom de l'aspect	Glyphe	Nombre de degrés
Conjonction	☌	0 degré
Sextile	⚹	60 degrés
Carré	□	90 degrés
Trigone	△	120 degrés
Opposition	☍	180 degrés

Essayez d'identifier les aspects de votre thème : peut-être les contient-il tous les cinq, ou seulement quelques-uns.

Dans un thème, vous pouvez calculer les aspects en regardant le degré où se trouve chaque planète.

- Si une autre planète se trouve juste à côté d'elle (à 5 degrés près), il s'agit d'une conjonction.
- Si une autre planète se trouve autour du même degré, mais à deux signes d'écart, elles forment un sextile.
- Si une autre planète se trouve autour du même degré à trois signes d'écart, elles forment un carré.
- Si une autre planète se trouve environ au même degré à quatre signes d'écart, elles forment un trigone.
- Si une autre planète se trouve environ au même degré, mais de l'autre côté du thème, elles forment une opposition.

Vous pouvez aussi vérifier les aspects de votre thème en comptant les degrés.

Regardez maintenant les lignes au centre de votre thème : elles vous montrent en un coup d'œil les aspects que forment vos planètes entre elles.

Voici à présent une description des cinq aspects principaux accompagnés de leur glyphe. Avant d'aller plus loin, vous devez cependant apprendre un nouveau terme : un orbe, qui désigne une « fourchette de degrés ».

La conjonction ☌

Pour obtenir une conjonction, il faut qu'au moins deux planètes se trouvent au même endroit ou sur un même degré (avec un orbe de 8 degrés, à moins que le Soleil et/ou la Lune soient concernés, dans ce cas l'orbe autorisé est de 10 degrés). Par exemple, une planète sur le 22e degré du Lion et une autre sur le 26e degré du Lion sont conjointes, ou en conjonction. Les planètes peuvent aussi être conjointes dans des signes différents.

Les conjonctions sont harmonieuses ou dissonantes en fonction des planètes impliquées. Par exemple, une conjonction entre le Soleil et Vénus est susceptible d'être harmonieuse, tandis qu'une conjonction entre Vénus et Saturne pourrait s'avérer plus difficile. Gardez toutefois l'esprit ouvert puisque cela peut aller dans un sens comme dans l'autre.

Le sextile ⚹

Il s'agit de l'aspect formé par deux planètes situées à une distance de 60 degrés (dans n'importe quelle direction). Autrement dit, quand elles se trouvent à deux signes d'écart et sur le même degré, à 5 degrés près (ou 6 si le Soleil/la Lune sont impliqués).

Le sextile constitue un aspect harmonieux : l'énergie entre les planètes circule bien. C'est un aspect productif et dynamique.

Le carré □

Cet aspect se produit quand les planètes ont 90 degrés d'écart (dans n'importe quelle direction). Autrement dit, quand elles se situent à trois signes d'écart et sur le même degré, à 5 degrés près (ou 10 s'il s'agit du Soleil/de la Lune). Notez qu'un carré est une demi-opposition (voir ci-dessous).

Le carré est un aspect dissonant, il entraîne des conflits entre les planètes impliquées. Il est toutefois suffisamment agaçant pour susciter le changement.

Le trigone △

Les planètes se trouvent à 120 degrés d'écart (dans n'importe quelle direction). Autrement dit, elles se situent à quatre signes d'écart et sur le même degré, à 5 degrés près (ou 10 si le Soleil/la Lune sont concernés).

Le trigone est un aspect agréable et fluide, et les planètes impliquées sont en harmonie. Il peut toutefois être source de laisser-aller.

L'opposition ☍

Les planètes sont éloignées de 180 degrés, autrement dit, elles se trouvent à l'opposé l'une de l'autre dans l'horoscope, et sur le même degré à 5 degrés près (ou 10 si le Soleil/la Lune sont impliqués).

Généralement, une opposition constitue un aspect dissonant, notez cependant que les planètes en opposition se trouvent toujours dans des éléments compatibles : les signes de feu font toujours face à des signes d'air, et les signes de terre à des signes d'eau. On obtient ainsi des relations tantôt conflictuelles, tantôt compatibles. N'oubliez pas que les contraires s'attirent ! Une opposition révèle aussi les deux côtés des questions soulevées par les planètes impliquées, ce qui peut s'avérer très bénéfique.

Pour voir si vous assimilez peu à peu le fonctionnement des degrés et des aspects, essayez de répondre à la question suivante (n'oubliez pas : il y a 30 degrés dans un signe et douze signes au total).

Question : Si votre Soleil se trouve sur le 12e degré des Gémeaux, et votre Vénus sur le 12e degré du Lion (deux signes plus loin), combien de degrés les séparent ?

Indice : parcourez les signes dans le sens traditionnel : Bélier, Taureau, Gémeaux, Cancer, Lion, Vierge, Balance, Scorpion, Sagittaire, Capricorne, Verseau et Poissons, pour obtenir votre réponse.

Réponse : votre Soleil et votre Vénus se situent à 60 degrés l'un de l'autre. Ils forment un sextile.

La condition des planètes

Vous entendrez parfois les astrologues parler de la « condition » d'une planète ; autrement dit de l'état dans laquelle elle se trouve. Traditionnellement, cela fait référence à sa *dignité*, telle que définie par le tableau des dignités (voir page 265). Plus couramment, les aspects que forme une planète exercent une influence considérable sur sa condition : est-elle en harmonie (formant des sextiles et des trigones) ou en dissonance (formant des carrés et des oppositions) avec les autres planètes ?

Comme expliqué plus haut, les trigones et les sextiles sont des aspects harmonieux. Ainsi, quand vos planètes forment un trigone ou un sextile, vous savez qu'elles sont en « bonne condition » puisque ces aspects suggèrent un flux continu d'énergie entre elles - elles ne sont pas en dissonance, mais plutôt en harmonie.

Nous avons vu plus tôt que le feu et l'air, et la terre et l'eau, s'assemblent. Si vous regardez votre thème et trouvez un sextile à 60 degrés (deux signes) et un trigone à 120 degrés (quatre signes), vous verrez que la règle feu/air et terre/eau fonctionne. Les planètes dans des éléments compatibles (c'est-à-dire le feu, la terre, l'air et l'eau) forment des sextiles et des trigones ensemble, tandis que les planètes dans des éléments incompatibles forment des carrés.

Le carré constitue l'aspect le plus dissonant. Il entraîne un inconfort, une agressivité voire une brutalité, selon moi, viscéraux. Si vos planètes forment des carrés, elles se causeront des problèmes qui deviendront sans doute des points sensibles, synonymes d'opportunités qui pourraient s'avérer très instructives. Avec un carré, un problème survient et vous vous retrouvez dans l'obligation d'agir. C'est une démangeaison que vous devez gratter. De ce point de vue, les carrés sont positifs puisqu'ils nous forcent à affronter les choses et, avec un peu de chance, à évoluer.

Comme je l'ai expliqué plus haut, les conjonctions et les oppositions peuvent être dissonantes ou harmonieuses, en fonction des planètes impliquées.

N'oubliez pas qu'il existe différentes catégories d'aspects :

- Les aspects que vos planètes forment entre elles dans votre horoscope.
- Les aspects que les planètes forment en ce moment, pendant leur déplacement ou « transit », avec les planètes de votre thème. J'en reparlerai dans le chapitre 15.
- Vous pouvez aussi vous intéresser aux aspects que les planètes en transit forment entre elles, si vous souhaitez obtenir un aperçu de ce qui se passe dans le monde sur le plan énergétique.

Interpréter les aspects

Certaines planètes sont plus faciles que d'autres, ce qui affecte notre interprétation des aspects (voir la section sur *la signification des planètes*, pages 48-68).

Ainsi, si la Lune (les sentiments) forme un carré avec Vénus (l'amour), il s'agira d'une énergie moins puissante que, par exemple, si Vénus (l'amour) formait un carré avec Saturne (le karma ultrarésistant). Les énergies sont beaucoup plus lourdes et intenses dès que Mars, Saturne ou toutes les planètes suivantes sont impliquées.

Une autre façon d'envisager les aspects est de remplacer « sextile » ou « trigone » par « est en harmonie avec » et de remplacer « carré » et « opposition » par « est en conflit avec ». « Vénus forme un carré avec Pluton » devient par exemple « Vénus est en conflit avec Pluton ». « Mercure forme un trigone avec Jupiter » devient « Mercure est en harmonie avec Jupiter ».

Pour interpréter le carré formé par Vénus et Pluton dans le thème, vous devez considérer les questions suivantes :

1. Que représente la planète Vénus ? L'amour, l'argent ou les leçons de vie ?
2. Dans quel signe se trouve Vénus ? (La signification de ce signe vous aidera à mieux la comprendre.)
3. Dans quelle maison se trouve-t-elle ? (La signification de la maison ajoute une nouvelle couche d'informations.)
4. Que représente la planète Pluton ? Le pouvoir, la transformation, l'obsession ?
5. Dans quel signe se trouve Pluton ?
6. Dans quelle maison se trouve-t-elle ?

Dans un thème astral, une planète ne pourra pas vraiment émettre avec toute sa puissance si, par exemple, elle forme un carré avec Mars (la colère), Saturne (la dépression), Uranus (le chaos), Neptune (la confusion) ou Pluton (la renaissance volcanique). Ainsi, une personne dont la Vénus se trouverait en Gémeaux – potentiellement très bavarde et optimiste –, tout en formant un carré avec Saturne le bulldozer, ne dégagera sans doute pas autant la magie épanouie des Gémeaux qu'une personne dont la Vénus formerait un trigone avec Jupiter. Vous comprenez le principe ?

Autre exemple : une personne dont la planète de l'amour, Vénus, formerait un aspect harmonieux (sextile ou trigone) avec Jupiter (une planète très joyeuse) aurait une Vénus très différente d'une personne dont la Vénus entrerait en conflit (formant un carré ou une opposition) avec Pluton la volcanique.

Il existe une subtilité que vous devez accepter quand vous travaillez sur les aspects : aucune planète n'est intrinsèquement bonne ou mauvaise. Cependant, si une planète entre en conflit avec une autre, alors il est probable que les traits les plus négatifs de ces planètes ressortent. Au contraire, si deux planètes sont en harmonie (formant un sextile ou un trigone), vous obtiendrez le meilleur de ce qu'elles ont à offrir.

N'oubliez pas : quand des planètes forment un sextile ou un trigone, les énergies circulent. Quand elles forment un carré ou une opposition, elles entrent en conflit.

Il existe 90 aspects basiques possibles, et leur interprétation a fait couler de l'encre dans de nombreux livres. Je recommande notamment aux lecteurs anglophones l'ouvrage de Sue Tompkin intitulé *Aspects in Astrology*, qui vous permettra d'approfondir vos recherches en dehors de ce livre.

Les planètes qui ne forment aucun aspect

Certaines planètes n'entrent pas en connexion avec les autres dans la limite des orbes, ne formant donc aucun aspect. Elles fonctionneront seules plutôt que toujours en tandem avec une ou plusieurs planètes. Le consensus autour de ces planètes solitaires est qu'elles possèdent leur propre histoire : elles suivent leur propre rythme et s'occupent de leurs affaires.

Notez aussi qu'une personne dont le Soleil ne forme pas d'aspect se montrera très originale à sa manière : un être rebelle, vivant en dehors des restrictions et des normes auxquelles nous autres nous soumettons plus ou moins. Cela n'en fait pas quelqu'un de totalement farfelu, mais témoigne d'un fort potentiel à se montrer différent. Il s'agit souvent de personnes qui s'aventurent hors des sentiers battus.

Si vous avez encore des doutes sur les degrés et les aspects, vous trouverez de nombreuses vidéos - en anglais - sur mon site theastrologybook.com/degreesaspects, comportant des explications visuelles.

RÉSUMÉ

Félicitations ! Vous êtes officiellement en passe de devenir un authentique astrologue. Le principal est de bien connaître les signes et les planètes, avant de passer aux degrés et aux aspects. Ils constituent la cerise sur le gâteau astrologique : ne les négligez pas !

Il vous suffit pour l'instant de considérer les affirmations suivantes à la lecture de votre thème ou de celui d'un ami ou d'un membre de votre famille.

- Les conjonctions peuvent être harmonieuses ou dissonantes, selon les planètes impliquées. Il pourrait par exemple être plus difficile d'affronter Saturne sur son Soleil que Jupiter.
- Les trigones et les sextiles sont harmonieux : ils mélangent leurs énergies harmonieusement, et tout le monde est content ! Ainsi, un trigone entre Vénus et Jupiter sera absolument charmant : Vénus et Jupiter sont déjà des planètes très agréables, et les assembler en un angle plaisant double leur plaisir potentiel. Même un trigone entre Vénus et Saturne ou Saturne et Pluton sera positif, même si Saturne et Pluton peuvent se révéler plus difficiles chacune de leur côté.
- Les carrés et les oppositions sont plus dissonants. Si le Soleil forme un carré avec Mars, le côté négatif des deux planètes s'en fera d'autant plus ressentir – par exemple, le versant égoïste du Soleil et la face énervée de Mars.

Chapitre 9

Les aspects composés et les dessins planétaires

Nous allons à présent nous intéresser rapidement à certains aspects composés - ou figures - formés par les planètes dans le thème. Vous disposerez ainsi d'encore plus d'informations sur la façon dont se manifestent les planètes. Quand au moins trois planètes sont connectées en établissant un aspect, elles forment ce qu'on appelle une figure. Comprendre ces figures demande de s'appuyer sur les informations concernant les cinq aspects basiques que nous avons déjà abordés : vous savez par exemple à présent qu'un carré est dissonant, mais un carré en T le sera encore plus !

Les principaux aspects composés

Le grand trigone, le carré en T, le Yod et le cerf-volant font partie des principaux aspects composés que nous allons à présent découvrir.

Le carré en T

Deux planètes en opposition forment chacune un carré avec une troisième planète située entre elles. Regardez l'illustration page suivante. Un carré est déjà assez difficile, mais un carré en T est composé de deux carrés et d'une opposition... Il y a de quoi être secoué !

Schéma 11 : le carré en T

Exercice d'application

Si votre thème présente un carré en T, relevez tous les facteurs concernés – les planètes, les signes et les maisons. Cela vous aidera à vous faire une idée des problèmes que vous risquez de rencontrer.

Le grand trigone

Dans cet aspect composé, trois planètes sont connectées par trois trigones et forment un triangle : le grand trigone.

Schéma 12 : le grand trigone

Le grand trigone permet aux énergies de circuler librement d'une planète à l'autre. Cet aspect composé me fait penser à un cercle de personnes se tenant par la main afin de faire circuler de l'amour. Dans un grand trigone, toute influence planétaire circule simplement, parfois même trop facilement.

Il existe quatre types de grands trigones, un pour chaque élément.

- **Le grand trigone de feu** : tout va bien, les projets sont portés par votre enthousiasme.
- **Le grand trigone de terre** : les choses se déroulent tranquillement grâce à une approche pragmatique.
- **Le grand trigone d'air** : les idées et l'intellect permettront aux projets de se réaliser.
- **Le grand trigone d'eau** : les sentiments ainsi que la compassion circulent librement.

Exercice d'application

Votre thème compte-t-il un grand trigone ? Les grands trigones peuvent indiquer des domaines où vous êtes légèrement fainéant ! De façon générale, je considère quand même qu'un grand trigone est une très bonne chose.

Le Yod

Il s'agit d'un aspect rare entre trois planètes, ou autres points du thème, qui forment un triangle. Deux des planètes se connectent en un sextile et rejoignent la troisième en deux quinconces (150 degrés).

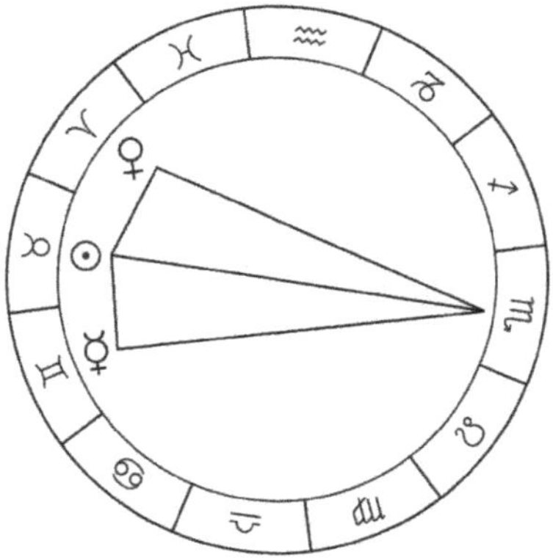

Schéma 13 : le Yod

De nombreuses personnes considèrent que le Yod désigne une mission ou une destinée spéciale, et c'est pour cette raison qu'on l'appelle aussi le doigt de Dieu. Cependant, d'autres arguent que cette figure n'est pas si évidente que ça. Je dirais que nous venons tous sur terre avec une mission ou une destinée spéciale, que notre thème comporte un Yod ou pas.

Exercice d'application

Votre thème comporte-t-il un Yod ? Dans son expression la plus puissante, un Yod peut vous mettre au défi de passer d'une situation facile (sextile) à une autre, bien plus bizarre (quinconce) pour accomplir votre mission spéciale.

Le grand rectangle, ou rectangle mystique

Ce rectangle au nom si évocateur apparaît quand au moins quatre planètes sont connectées par des sextiles, des trigones et des oppositions.

Schéma 14 : le grand rectangle

Un grand rectangle permet de bien fonctionner dans sa vie et dans le domaine de son choix, personnel ou professionnel. Il entraîne un flux d'énergies.

Exercice d'application

Votre thème comporte-t-il un grand rectangle ? Cette figure est censée conférer un pouvoir psychique ainsi qu'un puissant sens de l'équilibre et d'harmonie entre les quatre planètes impliquées.

Le cerf-volant

Un cerf-volant est un grand trigone auquel on ajoute une quatrième planète formant une opposition avec une des trois planètes du grand trigone et deux sextiles avec les deux autres.

Schéma 15 : le cerf-volant

Ici, l'opposition est similaire au grain de sable de l'huître qui donne naissance à une perle. Tout seul, un grand trigone peut être agréable, mais il ne conduit pas nécessairement à des développements concrets ou grandioses. L'opposition donne à l'individu une direction à suivre et un objectif, elle ancre tout ce que le grand trigone a de positif.

Exercice d'application

Voyez-vous un cerf-volant dans votre thème ? Cet aspect composé y ajoute une tension et vous aide à profiter au maximum des énergies positives qu'il contient.

Les principaux dessins planétaires

Une fois que vous aurez longuement contemplé votre thème, vous remarquerez peut-être des zones où de nombreuses planètes se rassemblent, ou au contraire de grandes zones vides. Voici une brève introduction à l'interprétation des différents dessins planétaires que vous pouvez rencontrer.

La balançoire

Les planètes du thème se rassemblent en deux groupes face à face, suggérant de nombreuses oppositions chez l'individu, qui se traduisent peut-être par des contradictions. Ce dessin implique souvent une sorte de balancement entre deux façons d'être.

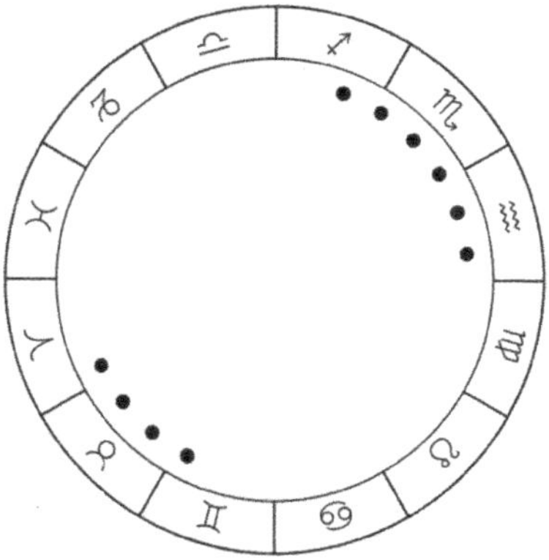

Schéma 16 : la balançoire

Le trépied/l'éventail

Dans ce dessin, les planètes se rassemblent en groupes très serrés de trois ou quatre, mettant ainsi en avant plusieurs maisons qui pourront devenir les maisons (ou centres d'intérêt) les plus importantes dans la vie de l'individu.

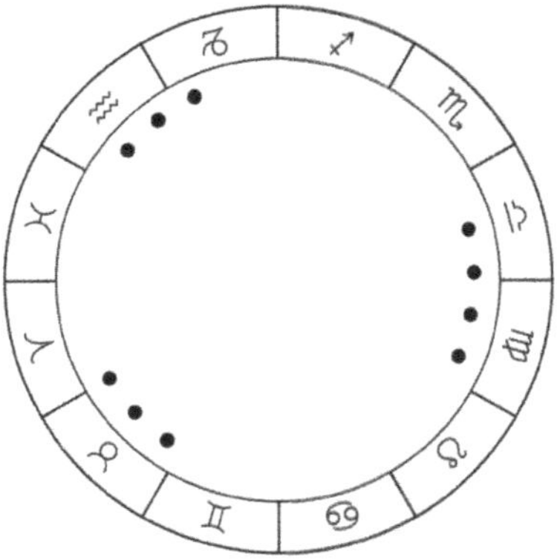

Schéma 17 : le trépied/l'éventail

La locomotive

Dans ce dessin, toutes les planètes tiennent dans un mouchoir de poche et occupent deux tiers du thème, laissant le dernier tiers - ou les 120 derniers degrés - vide. Cela suggère une certaine emphase sur une partie du thème, la deuxième (où il n'y a aucune planète) revêtant une moindre importance pour l'individu.

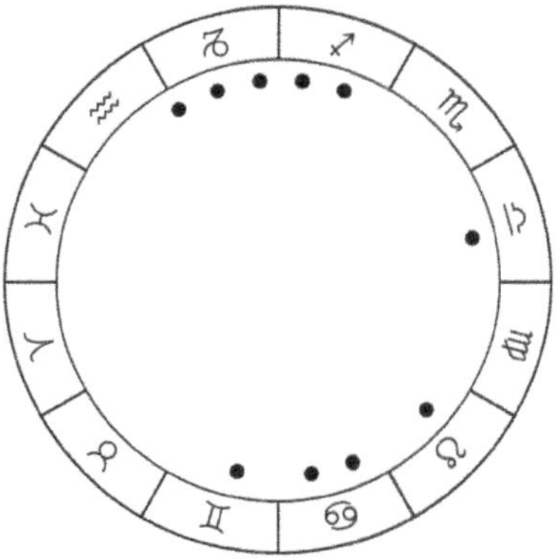

Schéma 18 : la locomotive

Le seau

Toutes les planètes se trouvent du même côté du thème, à l'exception de l'une d'entre elles située à l'opposé. La planète dissidente revêt alors une forte importance dans le thème, à la fois dans la façon dont elle exprime son énergie et dans ce qu'entraîne sa rencontre avec d'autres planètes.

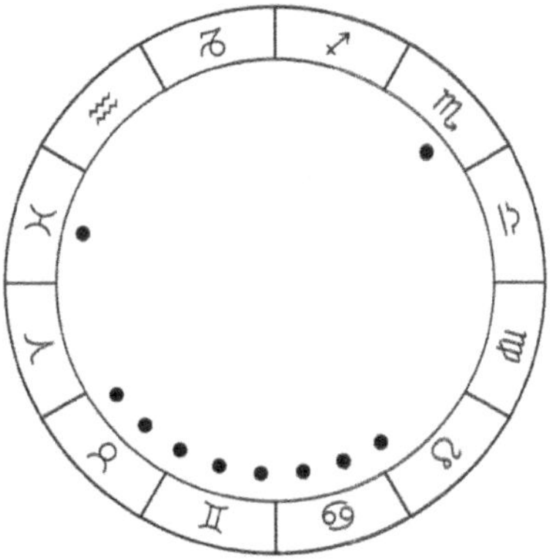

Schéma 19 : le seau

La grappe/le coin

Les planètes sont rassemblées dans un orbe de 120 degrés, créant des zones auxquelles on porte un intérêt spécial. Si beaucoup de vos planètes se trouvent dans une partie de votre thème, le but de votre vie se trouve dans un des domaines qu'elles désignent ; vous le trouverez grâce au signe et à la maison où se trouve la grappe.

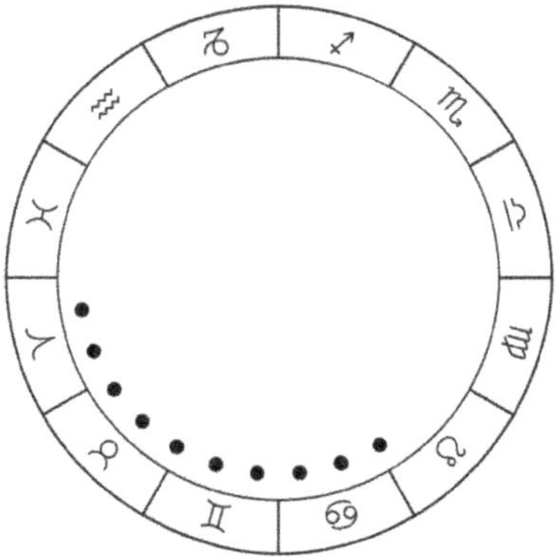

Schéma 20 : la grappe/le coin

L'éclaboussure

Les planètes sont réparties régulièrement autour du zodiaque. L'individu possède une large gamme de dons et de capacités ; cependant, il doit se concentrer sur une chose à la fois pour atteindre ses objectifs.

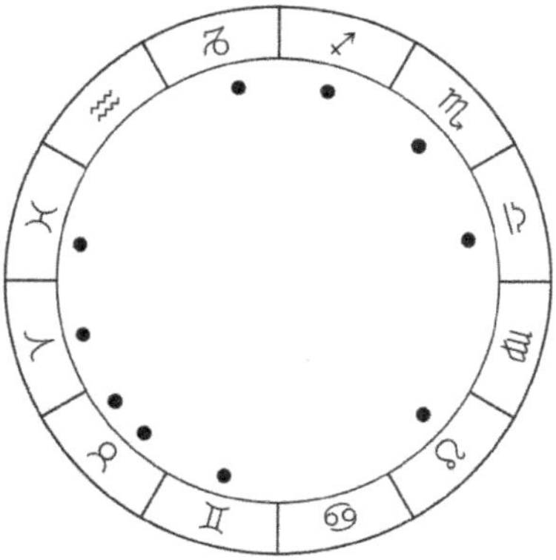

Schéma 21 : l'éclaboussure

Vous devriez à présent connaître les principaux dessins planétaires à chercher quand vous observez un thème.

Une fois que vous commencerez à lire plus régulièrement des horoscopes, ces dessins finiront par vous sauter aux yeux. Ils constituent une sorte de résumé visuel du thème et offrent de nombreux indices sur son caractère général.

Nous allons à présent nous intéresser à un phénomène dont même de nombreux non-astrologues ont déjà entendu parler : les planètes rétrogrades. Si vous vous êtes déjà posé des questions sur Mercure rétrograde ou sur les conséquences des autres planètes rétrogrades, poursuivez votre lecture !

Chapitre 10

Les planètes rétrogrades

Nous voici rendus à une partie de l'astrologie dont vous avez sans doute déjà entendu parler. Toutes les planètes (à l'exception du Soleil et de la Lune qui, comme vous le savez, sont en fait des luminaires et non des planètes) réalisent régulièrement ce qu'on appelle « un mouvement rétrograde ». On a alors l'impression que la planète recule dans le ciel, même si aucune planète ne recule vraiment lorsqu'elle tourne autour du Soleil.

D'où vient le mouvement rétrograde ?

Voici une analogie facile pour vous permettre de comprendre pourquoi les planètes ont l'air de reculer : imaginez que vous vous trouvez dans un train, et que vous apercevez devant vous, au loin, une femme à cheval. Elle va vite, mais le train est plus rapide. Le train continue d'avancer, et commence à la rattraper. Vous finissez par vous retrouver au coude à coude puis, alors que le train la dépasse, vous avez l'impression depuis votre siège qu'elle recule.

C'est ainsi que fonctionne le mouvement rétrograde, depuis notre point de vue. La Terre aperçoit par exemple Mercure au loin, mais la Terre est plus rapide que Mercure. Ainsi, alors qu'elle la rattrape puis la dépasse, Mercure semble reculer.

Vous saurez que Vénus ou Mercure s'apprêtent à rétrograder quand vous les apercevrez avancer loin devant le Soleil dans votre éphéméride ou dans le ciel nocturne. Mercure devient rétrograde quand elle se trouve environ 14 degrés devant le Soleil, et Vénus environ 30 degrés.

Cela signifie que Mercure, au lieu d'avancer d'un signe à l'autre dans le zodiaque, donne en fait l'impression de reculer et de retourner dans le signe où elle se trouvait avant le début de son cycle rétrograde. Il ne s'agit que d'une illusion, mais elle est lourde de sens sur le plan symbolique !

Quels sont les effets des planètes rétrogrades sur nous ?

Quand une planète entame sa course rétrograde, les processus qu'elle déclenche se retrouvent au point mort (pour savoir quand les planètes deviennent rétrogrades, consultez une éphéméride - voir pages 247-249 - ou rendez-vous régulièrement sur des sites d'astrologie. Les planètes rétrogrades sont signalées par le glyphe qui ressemble aux lettres Rx). Il s'agit d'une période où, au lieu d'avancer sans relâche comme nous avons tendance à le faire dans le monde moderne, nous avons la chance de reprendre notre souffle. C'est aussi un moment où les énergies se replient sur elles-mêmes.

Si une planète est rétrograde dans votre thème, vous en ressentirez l'énergie plus profondément et intimement. En général, avoir une planète rétrograde dans son thème peut signifier que ses énergies sont repliées sur elles-mêmes, bouleversées quelque part, ou plus introspectives. Quand une planète est rétrograde, elle peut se montrer timide, voire maladroite. Mais elle peut aussi revêtir une grande profondeur. Elle peut manquer de confiance en elle, mais sera par ailleurs extrêmement sensible.

De toute évidence, si vous êtes né pendant un cycle rétrograde, cette planète sera notée comme telle sur votre thème natal. Elle apparaîtra associée à ce symbole : ℞ (voir ci-dessous). Vous vous demandez peut-être si les mouvements rétrogrades sont de mauvais augure : pas du tout ! Tout arrive pour une raison, y compris le recul des planètes. Un mouvement rétrograde n'est ni bon ni mauvais.

Que signifient les mouvements rétrogrades ?

Comme vous le savez, chaque planète parcourt son orbite autour du Soleil à son propre rythme. Il en va de même pour son cycle rétrograde, dont la fréquence et la durée lui sont propres. Selon notre horoscope, un cycle rétrograde aura plus ou moins d'effet sur nous, mais j'ai résumé ci-dessous les principaux thèmes activés par les planètes lorsqu'elles deviennent rétrogrades (rx en abrégé) de façon générale.

Pour voir si votre thème contient des planètes rétrogrades, consultez la liste de vos planètes et de leurs degrés en haut à droite de votre horoscope. Les planètes rétrogrades sont indiquées par le glyphe rouge ℞ - un R avec la queue barrée. En médecine, il s'agit du symbole pour le terme « prescription ». Il provient du latin *recipere* à la forme impérative, qui signifie « reprendre ». La planète rétrograde est *reprise*.

Mercure rétrograde

Le cycle rétrograde de Mercure est sans doute le plus connu, et vous en avez sûrement déjà entendu parler. Il a lieu jusqu'à quatre fois par an. Mercure étant la planète de la communication, cette dernière peut alors dérailler, mais Mercure rétrograde représente beaucoup plus que ça ! Ce cycle offre par exemple une chance de repenser et revisiter, de remodifier et réviser absolument tout dans sa vie, ce dont nous avons tous besoin de temps en temps.

Plutôt que d'attendre impatiemment la fin de Mercure rétrograde, regardez où ce cycle a lieu dans votre thème (dans quelle maison et sur quelles planètes) pour utiliser consciemment son énergie. Pour cela, identifiez dans quel signe et quelle maison a lieu le mouvement rétrograde et réfléchissez à pourquoi cette partie de votre vie a besoin d'être repensée.

Si Mercure rétrograde figure dans votre thème natal, vous réfléchissez probablement avant d'agir. Vous êtes sans doute assez porté sur l'introspection. Vous êtes peut-être un bon écrivain, ou avez au contraire des difficultés d'écriture. Vous manquez peut-être de confiance en vous, et avez un sens de l'humour et une façon de communiquer très développés et légèrement décalés.

Vénus rétrograde

Ce cycle revient tous les 18 mois. Vénus étant la planète de l'amour, son mouvement rx peut se révéler éreintant pour les relations amoureuses. Il peut aussi s'agir d'une période où l'on se sent plus distant que d'habitude de son partenaire et où l'on prend le temps de réfléchir à notre attachement à lui. Ce processus permet parfois de le revaloriser.

Vénus est aussi la planète de la valeur des choses, et Vénus rx est justement l'occasion de les réévaluer. On dit aussi qu'il vaut mieux éviter les gros achats pendant Vénus rx, car on risque de reconsidérer la valeur qu'on leur accorde plus tard.

Avoir Vénus rétrograde dans son thème natal peut s'avérer extrêmement bénéfique : il est parfois plus facile de générer de l'abondance. Vénus rétrograde est aussi souvent caractéristique des personnes dotées d'un fort sens artistique ou travaillant dans le domaine de l'art. Dans le thème d'une femme, il peut s'agir d'un symbole d'expression féminine avant-gardiste. Vénus rx peut aussi être source de timidité et d'insécurité.

Mars rétrograde

Mars rétrograde environ tous les deux ans, ce qui revient à un brusque coup de frein pour cette planète qui cherche à aller toujours plus vite et à avancer coûte que coûte. Et pourtant, la voici qui recule (du moins, qui en a l'air), mouvement totalement contre-nature chez elle. Pendant Mars rx, il se peut que vous ayez l'impression de patauger dans la soupe quoi que vous essayiez de faire. Envisagez tout de même l'idée que le chaos de l'univers est peut-être organisé.

La prochaine fois que Mars entamera un cycle rétrograde et que vous lutterez pour mener un projet à bout, demandez-vous si vous n'auriez pas justement intérêt à ralentir. Mars étant la planète de la colère, son cycle rétrograde peut s'avérer difficile : d'un côté, c'est le bon moment pour vous demander à quoi ressemblerait votre vie si vous ne perdiez pas votre calme aussi souvent ; de l'autre, c'est une période où l'on décide parfois de ravaler sa colère, ce qui n'est pas sain.

Si Mars est rétrograde dans votre thème, vous avez sans doute encore plus horreur du conflit que les autres. Vous n'arrivez peut-être pas vraiment à vous affirmer. Vous n'aimez pas être à l'origine d'une dispute et cherchez plutôt à maintenir la paix, mais n'oubliez pas qu'il est malsain de réprimer sa colère, et apprenez à l'exprimer correctement.

Jupiter rétrograde

Le très respecté Robert Hand a dit un jour dans un atelier qu'il animait qu'« un passage de Jupiter ne peut jamais faire de mal », et je suis à peu près sûre qu'il en va de même lors de ses cycles rétrogrades. Jupiter étant la planète de la chance, on aurait tendance à penser que son recul entraîne un repli de notre chance au passage. Mais voyez les choses sous un autre angle : et si Jupiter rx nous envoyait une dose supplémentaire de chance depuis le ciel ?

Si par exemple Jupiter est rx en maison 3, vous serez sans doute légèrement moins prolixe que d'habitude, et vous aurez davantage le temps de vous imprégner des pensées positives apportées par Jupiter. Pendant son cycle rx, Jupiter peut montrer son côté plus réfléchi, s'intéressant à la conscience interne et à la croissance spirituelle plutôt qu'à la franche rigolade. Jupiter est rx pendant environ six mois tous les ans.

Si Jupiter est rétrograde dans votre thème, votre philosophie de vie diffère probablement de celle des autres. Peut-être croyez-vous en la chance, et êtes même chanceux, mais il est peu probable que vous comptiez dessus. Jupiter rétrograde peut se transformer en rebelle anticonformiste, alors qu'elle se conforme davantage aux règles pendant sa course directe (c'est-à-dire non rétrograde).

Saturne rétrograde

De tous les cycles rétrogrades, celui-ci est un de mes préférés. En effet, Saturne est la planète qui bâtit, la planète de l'architecture et même des bâtiments. Alors que peut-il se passer quand Saturne recule ? Eh non, tout ne s'effondre pas ! Il est simplement temps d'arrêter les nouvelles constructions, il vaut mieux prendre le temps de reconstruire et restructurer les anciennes. Notez aussi que Saturne dirige le karma, c'est donc le bon moment pour s'en occuper.

N'oubliez pas non plus que Saturne est le professeur du zodiaque, et que son mouvement rx l'amène à passer beaucoup plus de temps dans une même partie de votre thème. Demandez-vous quelles leçons vous apporte ce séjour prolongé dans la maison où elle se trouve. Saturne rétrograde est aussi un excellent moment pour travailler sur des vertus telles que la patience, la discipline personnelle et la retenue. Faites plus d'efforts ! Saturne rétrograde pendant environ 4,5 mois par an.

Si Saturne est rétrograde dans votre thème, vous avez peut-être tendance à intérioriser vos peurs, ce qui n'est pas une bonne chose. Apprenez à en parler ! Vous n'aimez peut-être pas l'autorité, ni les situations où l'on attend de vous un comportement exemplaire.

Uranus rétrograde

Prenez le temps de réfléchir à ce qui suit : la planète du chaos et de l'imprévisible parcourt votre thème, pareille à une tempête, semant destruction et mauvais tours. Quand Uranus rétrograde, son chaos se calme momentanément. S'il ne s'arrête pas totalement, il cesse au moins de se frayer un chemin à travers votre thème, frappant les planètes et les maisons qui se trouvent sur son passage. Cette planète est certes très lente, mais le chaos qu'elle traîne derrière elle s'arrête le temps du cycle rx.

Vous vous demandez peut-être si le chaos se répète lorsqu'elle revient sur ses pas ? La réponse est oui, mais vous pourrez en tirer des leçons. Continuez votre lecture pour en savoir plus sur la beauté des trois passages rétrogrades. Uranus est rétrograde pendant environ la moitié de l'année.

Si Uranus est rétrograde dans votre thème, le changement vous met peut-être mal à l'aise. Il est possible que vous souhaitiez vous rebeller, mais que vous vous reteniez.

Neptune rétrograde

Il est toujours très difficile d'écrire sur la brumeuse Neptune, planète de l'étrange et de l'imposture ! Notez que Neptune rétrograde environ cinq mois tous les ans. Il s'agit de la planète des rêves et des visions et, quand elle recule, sa sensibilité s'en trouve renforcée.

Neptune peut aussi être source de confusion. Ainsi, si elle affecte une de vos planètes (en formant un carré, une opposition ou encore une conjonction), vous aurez davantage la sensation d'être perdu, et ce pendant plus longtemps. Si vous refusez d'admettre certaines choses, le cycle rétrograde de Neptune peut représenter l'occasion d'arrêter de vous voiler la face et de décider de ne plus vous mentir. Vous prenez conscience que vous portiez des lunettes qui vous faisaient voir la vie en rose.

Si Neptune est rétrograde dans votre thème, les questions spirituelles vous mettent peut-être mal à l'aise ou, au contraire, vous y réfléchissez longuement et intensément.

Pluton rétrograde

Pluton rétrograde environ 160 jours par an, d'un bloc. Si le mouvement rx de Pluton touche fortement votre thème (en formant un aspect avec une planète ou un angle), il s'agira d'une période vraiment importante pour vous. Les effets de Pluton sont généralement plus psychologiques que concrets et entraînent toujours de la destruction quelque part.

Quand Pluton recule, avance, puis recule à nouveau, elle peut faire l'effet d'une déchiqueteuse, broyant quelque chose dans notre vie une première fois, puis une seconde, puis une troisième - juste par précaution. Ça a l'air intense, et ça l'est ! Toutefois, n'oubliez pas que Pluton est aussi la planète de la renaissance. Une fois son cycle rétrograde terminé et l'ouragan plutonien passé, vous vous rendrez peut-être compte que vous avez mué tel un serpent, ou que vous avez connu une renaissance totale.

Si Pluton est rétrograde dans votre thème, vous vous sentez peut-être incapable d'exercer votre pouvoir dans le monde. Vous avez sans doute peur qu'on cherche à vous contrôler.

Remarque sur le Soleil et la Lune

N'oubliez pas que le Soleil et la Lune ne rétrogradent pas. La Terre tournant autour du Soleil, et la Lune autour de la Terre, il est impossible d'obtenir l'illusion d'optique décrite plus haut. Repensez au fait que le Soleil et la Lune dominent respectivement le Lion et le Cancer. Selon vous, quelles conséquences y a-t-il à être guidé par un luminaire qui ne recule jamais ? Qu'est-ce que cela signifie pour les maisons de votre thème dont les cuspides sont en Lion et en Cancer ? Ce qui est certain, c'est que vous traiterez les questions liées à ces maisons en allant de l'avant, sans relâche et en ne vous arrêtant que très rarement.

Les trois passages du cycle rétrograde

En deux mots, une planète rétrograde a l'air de reculer, c'est-à-dire de revenir sur ses pas. Imaginons à présent que Pluton vient de passer sur votre Soleil et qu'elle entame son cycle rx. Alors que le mouvement rx commence, Pluton se met à reculer pour retourner là où elle se trouvait juste avant. Elle va donc repasser pile sur votre Soleil. Vous croyiez en avoir fini avec Pluton, mais la voilà qui revient !

Cette récurrence s'applique aussi lorsque Pluton – ou toute autre planète – forme une opposition, un sextile, un trigone ou un carré avec votre Soleil ou vos autres planètes : quand une planète rétrograde, tout contact qu'elle venait de former avec votre thème se répète une deuxième fois, puis une troisième. Poursuivez votre lecture...

Dans notre exemple, vous venez donc de vivre deux passages de Pluton sur votre Soleil. Le premier a eu lieu quand Pluton avançait, et le deuxième quand elle a commencé à rétrograder, ou reculer, sur votre Soleil. Et que se passe-t-il à la fin du mouvement rétrograde ? Pluton change à nouveau de direction et repart vers l'avant, passant une nouvelle fois sur votre Soleil.

Il s'agit des trois passages du cycle rétrograde : il se passe quelque chose pendant le mouvement vers l'avant, le cycle rétrograde commence et nous y goûtons une deuxième fois, enfin le mouvement vers l'avant reprend, et nous avons droit à un peu de rab.

Voilà ce qui arrive chaque fois qu'une planète rétrograde, en supposant qu'elle le fasse sur une de vos planètes ou alors qu'elle forme un aspect avec elle. N'oubliez pas que rien n'arrive sans raison, et que vous pouvez travailler avec les cycles rétrogrades si vous souhaitez vivre consciemment. Je crois que les cycles rétrogrades nous sont envoyés quand nous n'avons pas eu le temps d'assimiler une leçon. Nous la reprenons donc une, deux, trois fois !

Dans le cas d'un cycle rétrograde compliqué (autrement dit, quand une planète « difficile » comme Mars ou Saturne forme un aspect dissonant comme un carré avec un des points du thème), le premier passage de la planète nous permet de prendre conscience et de digérer la leçon que le cycle rétrograde nous apporte. Nous en ressentons encore le second passage, mais, avec un peu de chance, il sera moins douloureux que le premier, car nous savons à présent comment en gérer les énergies/nous avons compris le message. Enfin (dans l'idéal), nous éprouvons à peine les effets du troisième passage tant nous sommes devenus aptes à affronter la leçon du cycle rétrograde.

L'apprentissage de la conduite constitue une bonne analogie. Au moment de notre naissance, il ne nous vient pas à l'idée que nous ne savons pas conduire une voiture : nous sommes inconsciemment non qualifiés (nous ne savons pas que nous ne savons pas). Puis, à un certain point, nous réalisons que nous ne savons pas conduire : nous devenons alors consciemment non qualifiés (on sait qu'on ne sait pas). Nous apprenons ensuite à conduire, ce qui constitue au début un véritable défi. Nous y arrivons, mais nous devons encore penser à tout : freiner, accélérer, etc. Nous sommes consciemment qualifiés. Enfin, la conduite devient un automatisme, et nous n'avons plus besoin d'y penser : nous voilà devenus inconsciemment qualifiés.

Un cycle rétrograde se déroule en trois temps. Au premier passage de la planète, vous serez peut-être un peu désemparé face au problème porté à votre attention. Le mouvement rétrograde se met ensuite en marche, et vous en prenez pleinement conscience. Au moment du troisième passage/de la reprise du mouvement direct, vous aurez appris à gérer le problème. Vous serez consciemment qualifié pour affronter la question soulevée par le cycle rétrograde.

Ainsi, lorsque vous expérimenterez les trois passages d'un cycle rétrograde, essayez de travailler avec consciemment. Pensez aux énergies contenues dans votre thème et combinez-les avec celles de la planète en transit pour en déduire les leçons qui vous attendent.

Les phases stationnaires

Si vous décidez de poursuivre votre apprentissage et vos lectures sur l'astrologie, vous entendrez parler des « stations ». Déterminée depuis notre point de vue terrestre, une station constitue le point où une planète a l'air de s'immobiliser dans le ciel. Elle semble ensuite se déplacer lentement dans la direction opposée : la planète est alors considérée comme « rétrograde stationnaire ». De la même manière, quand la planète s'arrête dans une station et reprend sa course vers l'avant, on dit qu'elle est « directe stationnaire ».

Jupiter passe par exemple plus de la moitié de l'année à avancer (ce qu'on appelle le mouvement « direct »). Quand elle ralentit, s'arrête puis se tourne vers l'arrière ou vers l'avant, nous appelons cela une « station ». Lorsque Jupiter s'apprête à reprendre sa course directe, les astrologues disent que « Jupiter est stationnaire et reprend sa course directe » ou que « Jupiter est directe stationnaire ».

Autre exemple : au lieu de dire que « Mercure rétrograde aujourd'hui », on dira « Mercure devient rétrograde stationnaire », et à la fin du mouvement rx, quand Mercure recommencera à avancer, on dira « Mercure est directe stationnaire ».

Les phases d'ombre

Vous entendrez également parler des « phases d'ombre » du cycle rétrograde. Elles sont liées au fait que le chemin parcouru par une planète rx dans le thème dépasse l'écart entre les jours stationnaires officiels (il s'étend sur davantage de degrés - n'oubliez pas que chaque signe compte 30 degrés).

Prenez par exemple le cycle rétrograde de Mercure d'avril 2017. Le 10 avril, Mercure entame sa course rétrograde depuis le 4e degré du Taureau. Le 3 mai, elle stoppe son mouvement rétrograde au 24e degré du Bélier. Identifier le début de la phase d'ombre demande de connaître la date à laquelle Mercure avait atteint le 24e degré du Bélier pendant sa course directe (c'est-à-dire avant le cycle rétrograde) : le 27 mars. La phase d'ombre du cycle rétrograde a donc commencé le 27 mars et s'est arrêtée lorsque Mercure a retrouvé le 4e degré du Taureau, à la fin du mouvement rétrograde : le 20 mai. La phase d'ombre s'étend donc du 27 mars au 20 mai.

Personnellement, je n'attache pas beaucoup d'importance aux phases d'ombre - le début et la fin d'un cycle rétrograde en sont les moments les plus puissants. Cependant, comme nombre d'astrologues, vous aurez peut-être envie de vous y intéresser davantage.

Chapitre 11

Les nœuds lunaires

Les nœuds lunaires constituent un autre point intéressant du thème astral, et peuvent s'avérer très instructifs. S'ils sont davantage utilisés dans l'astrologie orientale que dans la tradition occidentale – que nous utilisons dans ce livre –, nous sommes nombreux à les trouver fascinants et très utiles pour déchiffrer les bases d'un thème et réaliser des prédictions. Comme dans le cas des planètes et des signes, les nœuds lunaires sont représentés par des glyphes, que vous trouverez dans le tableau ci-dessous. Les repérez-vous sur votre thème ?

Nœud	Glyphe
Nœud nord	☊
Nœud sud	☋

Les nœuds correspondent aux endroits où la Lune croise l'écliptique : le chemin apparent du Soleil (de notre point de vue terrestre). Le nœud nord correspond à l'endroit où la Lune croise l'écliptique en allant vers le nord, et le nœud sud à l'endroit où elle le croise en allant vers le sud. Ces deux points sont toujours directement opposés l'un à l'autre, et presque toujours rétrogrades.

Le nœud sud donne des indications sur ce qu'on faisait dans sa vie passée et sur ce dont on est capable dans cette vie, autrement dit ce qui nous paraît facile et nous met à l'aise. Si votre nœud sud se trouve par exemple en maison 7, vous devez trouver les relations avec les autres faciles et agréables.

À l'exact opposé du thème se trouve le nœud nord. Il montre ce que l'on a besoin de faire et la direction à prendre dans sa vie pour trouver la satisfaction, l'épanouissement et le bonheur. En d'autres termes, ce nœud nous montre le but de notre vie. Une autre jolie façon de résumer les nœuds est la suivante : nœud nord = honneur ; nœud sud = déshonneur.

Travailler avec les nœuds lunaires

« Dénouer » les nœuds de son thème peut faire peur. L'idée est de travailler sur soi-même pour s'éloigner de la maison du nœud sud pour rejoindre la maison du nœud nord. Pour cela, il est nécessaire d'observer ses propres structures comportementales. En voici un exemple.

Imaginez que votre nœud sud se trouve en maison 7, c'est-à-dire la maison de l'amour et des relations, et votre nœud nord en maison 1, autrement dit la maison du Soi. Ainsi, selon l'interprétation des nœuds donnée plus haut, le nœud sud correspond aux domaines où vous vous sentez à l'aise – dans ce cas, puisque c'est la maison 7, avec les relations. Le nœud nord vous montre pour sa part la direction que vous devez prendre : vous devez apprendre à voler de vos propres ailes, la maison 1 étant la maison du Soi.

Est-ce que cela signifie que vous devrez rester célibataire toute votre vie ? Non, mais vous devez apprendre à être indépendant plutôt que codépendant. Même si vous souhaitez vous abandonner au confort de vos relations (nœud sud, maison 7), vous ne trouverez le bonheur et l'épanouissement qu'en faisant des choses pour vous (nœud nord, maison 1).

La signification des nœuds lunaires

Vérifiez à présent où se trouvent vos nœuds lunaires, puis consultez la liste ci-dessous pour savoir ce que cela signifie. Notez que j'ai repris ces descriptions de mon livre *La Lunologie* (éditions Trédaniel), que je vous recommande humblement si vous souhaitez en apprendre davantage sur les effets de la Lune et des phases lunaires sur votre vie.

Ainsi, quand vous avez votre…

Nœud nord en maison 1 / nœud sud en maison 7

Vous êtes peut-être obsédé par l'idée d'avoir une relation, mais vous serez plus heureux en volant de vos propres ailes.

Nœud nord en maison 2 / nœud sud en maison 8

Vous êtes sûrement tenté par les sujets profonds et obscurs et les activités taboues, mais vous serez bien plus heureux en vous montrant réaliste et en mettant de l'ordre dans vos finances.

Nœud nord en maison 3 / nœud sud en maison 9

Vous aimez sans doute vous écouter parler et pratiquer la langue de bois, mais vous serez plus heureux en adoptant une communication plus sincère et authentique.

Nœud nord en maison 4 / nœud sud en maison 10

Vous considérez sans doute qu'il n'y a rien de plus important au monde que votre carrière, mais vous trouverez le bonheur au sein de votre foyer et de votre famille.

Nœud nord en maison 5 / nœud sud en maison 11
Peut-être êtes-vous obsédé par vos amis, et par l'idée de liberté, mais vous trouverez le bonheur en vous exprimant avec authenticité et de façon créative.

Nœud nord en maison 6 / nœud sud en maison 12
Fuir votre vie peut vous sembler un rêve agréable, mais vous vous épanouirez vraiment en vous mettant au travail et en faisant ce que vous avez à faire.

Nœud nord en maison 7 / nœud sud en maison 1
Une relation amoureuse vous sera sans doute très profitable. Elle sera peut-être source d'agacement, mais voyez-la comme une opportunité de grandir !

Nœud nord en maison 8 / nœud sud en maison 2
Alors que vous vous sentez peut-être obligé de faire attention à vos finances, en adulte responsable, une bonne partie de jambes en l'air est peut-être juste ce dont vous avez besoin en ce moment !

Nœud nord en maison 9 / nœud sud en maison 3
Les bavardages légers et les discussions superficielles constituent une option facile, mais seule la vérité vous libérera.

Nœud nord en maison 10 / nœud sud en maison 4
« Ma famille d'abord » est une excellente devise, mais pas en ce moment : le cosmos vous encourage à vous jeter corps et âme dans votre carrière pour vous épanouir.

Nœud nord en maison 11 / nœud sud en maison 5
Vous voyez, cette personne qui vous obsède et dont vous voudriez faire votre amant(e) ? Elle vous conviendrait bien mieux en tant qu'ami(e).

Nœud nord en maison 12 / nœud sud en maison 6
Essayer de régler votre vie comme du papier à musique peut vous paraître vital, mais ce qui compte vraiment, c'est de trouver la paix intérieure.

Partie III
ASSEMBLER SES CONNAISSANCES

Chapitre 12

Introduction à la lecture de thème

Maintenant que vous avez travaillé avec tous les composants astrologiques de base de votre thème, il est temps d'assembler les pièces du puzzle. La meilleure façon d'utiliser les informations que vous avez intégrées jusqu'ici consiste bien sûr à « [faire] le test ! », encore et encore, comme le disait mon premier professeur. Testez votre propre thème astral, mais aussi ceux des membres de votre famille et de vos amis : regardez votre/leur thème et essayez de comprendre comment toutes les énergies qu'il contient - les planètes dans les signes et les maisons qui forment des aspects - se manifestent. Mais par où commencer ?

Envisager le thème astral dans son ensemble

Lorsque vous lirez le thème d'un ami ou d'un membre de votre famille, *commencez par son Soleil*. Il désigne l'endroit où l'on rayonne, notre nous essentiel et authentique. Peu importe l'ascendant, connaître le Soleil de quelqu'un vous donne des informations sur son âme, son Soi. Il vous montre l'objectif de sa présence sur la Terre.

Regardez la maison où il se trouve, vous en apprendrez ainsi davantage sur sa mission dans la vie. Intéressez-vous ensuite au signe où il se trouve. Que déduisez-vous de ces informations ? Commencez à les mettre en relation. Le Soleil représente le côté yang d'une personne, la partie d'elle-même qu'elle montre. Pour le côté yin, les émotions, vous devrez vous tourner vers la Lune.

Pour comprendre ce qu'implique la présence du Soleil dans chaque signe, consultez la section *La signification des signes* pages 75-93 et trouvez le signe qui correspond à votre Soleil ou à celui de la personne dont vous lisez le thème. Comprenez-vous la façon dont vous l'exprimez ?

Identifier les trois points majeurs : le Soleil, la Lune, l'ascendant

En résumé, les trois premiers points à identifier dans un thème sont :

- **Le Soleil** : regardez le signe et la maison où il se trouve. Le Soleil désigne notre axe principal et constitue un bon point d'ancrage pendant une lecture de thème.
- **La Lune** : elle désigne ce dont on a besoin. Dans quel signe et quelle maison se trouve-t-elle ?
- **L'ascendant** : il indique le masque que l'on porte, le vernis qui nous recouvre. Dans quel signe se trouve-t-il ?

Pour commencer, demandez-vous de quelle façon ces trois piliers s'assemblent. Dans quel élément se trouvent-ils : êtes-vous face, par exemple, à une personne d'eau, de feu, de terre ou d'air ? Comment s'assemblent le Soleil, la Lune et l'ascendant ? Se trouvent-ils tous dans le même élément ou dans des éléments contradictoires ?

Une fois que vous aurez identifié ces trois points principaux, vous disposerez d'une bonne idée de la configuration générale du thème sous vos yeux. Pendant les conférences d'astrologie, les astrologues (qui sont connus pour leur manie de partager leurs date, lieu et heure exacte de naissance - ou alors ce n'est que moi ?) portent généralement des cartes de visite où figurent leur Soleil, leur Lune et leur ascendant. Ces trois indicateurs sont extrêmement instructifs.

Il faudra ensuite vous intéresser au reste des planètes du thème : y a-t-il de nombreuses planètes dans une maison en particulier (ce qui suggérerait un fort centre d'intérêt) ? Quels aspects forment-elles entre elles ? Sont-ils harmonieux ou dissonants (voir page 149) ?

Synthétiser le thème

Il est impossible d'interpréter la position d'un signe, d'une planète ou d'une maison de façon individuelle. Au contraire, le thème *entier* doit être envisagé dans son ensemble. L'horoscope contient de nombreuses informations sur un individu et, en utilisant un procédé que les astrologues appellent la « synthèse », ces éléments doivent être assemblés afin de former une image complète de cette personne. *Synthétiser* signifie simplement utiliser son cerveau et ses idées pour relier tous les éléments d'un thème astral entre eux, chose qu'aucun livre ou logiciel n'est en mesure de faire.

Si vous souhaitez par exemple comprendre la Vénus du thème que vous êtes en train de lire, vous devriez rechercher les informations basiques suivantes :

1. La maison où elle se trouve.
2. Le signe où elle se trouve.
3. Si elle se trouve au-dessus ou en dessous de l'horizon (voir page 111).

4. Si elle est conjointe (c'est-à-dire directement sur une autre planète ou un angle).
5. Quel(s) aspect(s) elle forme avec les autres planètes (voir page 144).
6. Quelles sont les maisons dirigées par Vénus dans le thème (c'est-à-dire les maisons Taureau et Balance).

L'astuce consiste à prendre toutes les données astrologiques liées à Vénus et à les retourner dans tous les sens dans votre tête jusqu'à obtenir un ensemble synthétisé, tel que : « Vénus en Capricorne en maison 3 forme un sextile avec Mars (en Poissons en maison 5), et Vénus dirige les maisons 7 et 12 ».

Vous devrez ensuite vous poser les questions suivantes :

- Que signifie Vénus en Capricorne ?
- Que signifie Vénus en maison 3 ?
- À quoi s'attendre si cette Vénus en Capricorne en maison 3 forme un sextile avec Mars ?
- Si cette Vénus en Capricorne formant un sextile avec Mars dirige les maisons 7 et 12, qu'est-ce que cela nous apprend sur les maisons 7 et 12 ?
- Et maintenant, comment assembler toutes ces informations ?

C'est ça l'astrologie !

Voici un exemple personnel : ma Vénus se trouve en Gémeaux en maison 2, et forme un sextile avec mon Uranus en maison 5. Décodons tout cela...

Vénus (l'abondance et l'amour) en Gémeaux (l'écriture) en maison 2 (l'argent) forme un sextile (s'harmonise) avec Uranus (la planète de l'astrologie et du numérique) en maison 5 (la créativité)… Et j'adore gagner ma vie en écrivant sur l'astrologie, notamment en ligne.

Une remarque sur les lectures pour vos amis et votre famille

Comme vous l'avez déjà vu, il y a beaucoup à apprendre en astrologie, peut-être même est-il impossible de tout apprendre, finalement. Il existe une multitude de techniques à essayer, mais les bases présentées dans ce livre constituent déjà un bon point de départ. Vous pouvez bien sûr apprendre sur le tas, tant que vous n'annoncez pas de catastrophes aux personnes dont vous lirez le thème pendant votre apprentissage. Bien sûr, l'astrologie peut révéler des informations négatives, mais je considère qu'il ne faut pas se focaliser dessus : tous les problèmes exposés dans un thème ont une solution, et vous finirez par la trouver de façon intuitive.

Ce n'est peut-être pas votre cas, mais je suis particulièrement sensible quand il est question des membres de ma famille. J'essaye de ne pas regarder leur thème astral trop souvent, car je risque d'y penser tout le temps et de m'inquiéter ! Toutefois, quand des problèmes surgissent, être capable de lire le thème d'un proche peut constituer un avantage de taille. C'est notamment utile avec les enfants : leur thème et les planètes en transit vous permettent de les aider à assimiler les leçons qu'ils ont à apprendre.

Chapitre 13

Votre *cookbook* - ou livre de recettes - astrologique

Ce chapitre contient ce qu'on appelle un *cookbook* astrologique : une brève description de ce qui se passe quand une planète se trouve dans un signe ou une maison. Il offre des lignes directrices extrêmement basiques, et personne n'est jamais *tout* ce que décrivent les mots et phrases clés que vous y trouverez. Il s'agit plutôt d'une liste de *certaines* des façons dont les planètes, les signes et les maisons sont susceptibles de s'exprimer - ou d'être exprimés, selon votre point de vue.

N'oubliez pas qu'une planète s'exprimera plus ou moins fidèlement aux descriptions contenues dans ce guide selon les aspects qu'elle forme avec les autres planètes.

La signification des planètes dans les signes et les maisons

Utilisez ces descriptions pour vous guider à travers les premiers pas de votre voyage astrologique. Une fois que vous ressentirez et connaîtrez bien les planètes, les signes et les maisons, vous n'aurez plus besoin de le consulter.

Le Soleil ☉

Le Soleil indique l'endroit où l'on brille, le Soi essentiel et authentique. Peu importe le signe où se trouve l'ascendant : localiser le Soleil dans un thème permet de connaître l'âme, le Soi de son propriétaire. Son Soleil désigne sa mission sur Terre. Ainsi, en associant les idées liées au Soleil et celles liées aux signes, vous obtenez les interprétations suivantes.

Le Soleil à travers les signes

Pour le Soleil à travers les signes, consultez la section *La signification des signes* pages 75-93, qui définit les signes, ce qu'ils signifient et nous font ressentir. L'expression du Soleil correspond à la description du signe où il se trouve.

Le Soleil à travers les maisons

Si votre Soleil se trouve en...

Maison 1 - vous êtes sur Terre pour briller et montrer au monde qui vous êtes vraiment. Vous êtes éblouissant.

Maison 2 - vous êtes sur Terre pour réfléchir aux questions liées à l'argent, à la propriété et aux possessions ainsi qu'aux valeurs.

Maison 3 - vous êtes un communicant, et l'objectif de votre vie consistera à acquérir des compétences en communication.

Maison 4 - la famille, la vie privée et le véritable sens du « foyer » constituent votre objectif dans cette vie.

Maison 5 - vous êtes sur Terre pour créer et vous amuser. Votre devise devrait être « je m'exprime avec joie ».

Maison 6 - vous vous consacrez à servir les autres et à faire votre devoir, mais vous concentrez aussi sur la santé, le fitness et vos routines.

Maison 7 - les relations en tout genre (personnelles et professionnelles) revêtiront un intérêt majeur pour vous dans cette vie.

Maison 8 - vous n'avez pas peur d'affronter le côté obscur de la vie et d'explorer les sujets tabous. Le sexe et les finances occupent une place importante dans votre vie.

Maison 9 - votre principale préoccupation concerne les voyages, les études, l'aventure et la Grande Quête cosmique.

Maison 10 - vous laisserez une trace, serez brillant, accomplirez de grandes choses, guiderez les autres et sortirez du lot. Vous avez de grandes ambitions.

Maison 11 - votre principal centre d'intérêt concerne vos amis et les groupes, les réseaux et les clubs auxquels vous appartenez. Vous êtes sociable.

Maison 12 - vous manigancez des projets secrets, et vous êtes sur Terre pour développer votre conscience. Vous êtes sensible et avez des désirs.

La Lune ☾

La Lune désigne ce dont vous avez besoin pour survivre, déterminé par le signe et la maison où elle se trouve. Votre signe lunaire indique *comment* vous en avez besoin, ainsi que la façon dont vous exprimez, ou pas, vos émotions et dont vous les gérez. Regardez ensuite dans quelle maison se trouve votre Lune : voilà ce dont vous avez besoin. N'oubliez pas que la Lune change de signe environ tous les 2,5 jours, son emplacement est donc toujours très personnel. Des personnes nées à trois jours d'écart n'auront probablement pas le même signe lunaire.

La Lune à travers les signes

Notez que la section sur la Lune à travers les signes est plus longue que celles consacrées aux autres planètes, et ce pour deux raisons : premièrement, pour honorer une promesse faite dans mon livre *La Lunologie* et deuxièmement, parce que la Lune est mon sujet préféré !

Lune en Bélier

La Lune représente les émotions, et le Bélier est le signe qui se précipite en avant, il est donc facile de deviner à quoi ressemblent les personnes dont la Lune est en Bélier : elles se précipitent à toute vitesse sur le plan émotionnel. Souvent, elles tirent des conclusions émotives rapides, car elles ont besoin d'aller vite et que les autres ne traînent pas non plus - dans leur vie personnelle ou professionnelle. Si votre Lune se trouve en Cancer, Scorpion ou Poissons - en bref, dans un signe d'eau -, ne prenez pas les personnes dont la Lune est en Bélier à la légère. Elles peuvent parfois se montrer téméraires sur le plan émotionnel, mais ne soyez pas effrayé par cette caractéristique, au contraire, nourrissez-vous-en.

Lune en Taureau

Taureau = stable, Lune = émotions. Les personnes dont la Lune est en Taureau ont besoin de choses en rapport avec Vénus (le Taureau régnant sur Vénus) telles que l'amour, la romance et la bienveillance. Elles ont aussi besoin d'être entourées de personnes stables et fiables. Elles ont besoin de choses physiques et sensuelles, comme des draps en coton tissé et des mets de qualité. Elles peuvent être douées avec l'argent : elles sont vraiment attirées par ce qui est matériel et de la meilleure qualité possible, que seul l'argent peut acheter.

Lune en Gémeaux

Une personne dont la Lune est en Gémeaux a besoin de parler des choses, de s'exprimer, d'écrire, de communiquer. Elle a besoin que son message soit correctement compris. La communication est très importante pour elle, et elle voudra aussi que vous parliez pour assouvir son autre besoin : écouter. Elle aime les idées et il lui est nécessaire de s'entourer de personnes pleines d'idées, quand c'est possible. Elle a aussi besoin de vivre au milieu de livres, de magazines et d'appareils pour communiquer et s'informer. Sans être hypocrite, elle peut se montrer quelque peu désinvolte sur le plan émotionnel. Curieusement, pour la bonne personne, il peut s'agir d'un trait aussi séduisant que charmant.

Lune en Cancer

Si vous arrivez à l'incarner, il s'agit d'une Lune formidable. En effet, le Cancer est le signe de la maison et de la famille, et la Lune est la planète... de la maison et de la famille ! Ils sont aussi le signe et la planète de la Déesse. Ainsi, si votre Lune (ou toute autre planète) se trouve en Cancer, vous êtes en contact avec le Divin féminin, que votre corps soit celui d'un homme ou celui d'une femme. Les personnes dont la Lune est en Cancer ont besoin d'être nourries et de nourrir les autres. Il s'agit souvent de grands mangeurs ou pourvoyeurs. Elles ont besoin de sécurité et qu'on s'asseye à côté d'elles dans le canapé le soir, et peuvent parfois se montrer un peu pot de colle.

Lune en Lion

Une personne dont la Lune se trouve en Lion ne souhaite qu'une chose : être adorée. Rien de plus facile que de la conquérir : il suffit pour cela de la vénérer, purement et simplement. Elle aura aussi besoin qu'on reconnaisse son côté chaleureux et généreux. Les paillettes et le glamour lui sont nécessaires, tout comme occuper le devant de la scène, du moins de temps en temps, notamment si sa Lune est en bonne « condition », autrement dit si elle forme un aspect harmonieux avec les autres planètes. Les personnes dont la Lune est en Lion ont besoin d'attention.

Lune en Vierge
Il s'agit de personnes gentilles. N'oubliez pas que la Lune désigne les besoins et les émotions, et la Vierge est une énergie plutôt affable, du moins la plupart du temps (non pas que les Vierge n'aient pas un côté coquin - elles sont même connues pour ça !). Les personnes dont la Lune est en Vierge ont besoin de bonne nourriture, servie de façon saine, à un moment régulier et habituel, cuisinée dans une cuisine propre et servie sur une table rustique dans une petite maison bien rangée. Elles ont besoin que les choses soient ordonnées, au point, et de préférence parfumées naturellement. Elles ont besoin de la nature et de la Terre, et de se déconnecter de leurs gadgets électroniques pour passer du temps à respirer le bon air frais.

Lune en Balance
Un peu plus haut, j'ai dit qu'il était injuste d'attribuer une réputation d'indécise à la Balance. Je suis tout de même obligée d'admettre que les personnes dont la Lune se trouve en Balance peuvent parfois se comporter comme des balançoires émotionnelles. Elles ne veulent offenser personne et ont besoin que les choses se déroulent agréablement. Elles ont besoin d'art, de beauté et d'harmonie et, plus que tout, d'amour et de relations. Les relations avec les autres sont nécessaires à leur équilibre, à tel point qu'elles prétendront parfois que tout va bien quand ce n'est pas le cas, pour éviter de faire des vagues : elles ont besoin que leurs relations soient équilibrées et harmonieuses.

Lune en Scorpion

Voici une Lune profonde et intense. De son côté, la Lune absorbe, et le Scorpion, quant à lui, est une sorte de poison. N'oubliez pas que nous avons tous du Scorpion quelque part dans notre thème - *via* une cuspide, une planète ou un angle. Les personnes dont la Lune est en Scorpion sont sur Terre pour découvrir les profondeurs de leur éventail émotionnel, il s'agit là d'un des secrets insérés - voire dissimulés - dans leur thème. Elles ont besoin d'être gentilles, et de ne pas faire payer leur souffrance émotionnelle aux autres. Il leur faut aussi parfois se désintoxiquer et exprimer leurs sentiments émotionnels négatifs et confus liés à la jalousie et à la vengeance.

Lune en Sagittaire

De bien des manières, cet emplacement est une véritable bénédiction : la Lune est la planète des émotions, et le Sagittaire est le signe de la comédie légère. Une Lune en Sagittaire est très enjouée, et c'est formidable, car tout le monde voudrait être joyeux, n'est-ce pas ? Peut-être pas. Parfois, le problème avec une Lune en Sagittaire est qu'on peut devenir superficiel, et effleurer les problèmes émotionnels qui mériteraient qu'on s'y arrête plus longuement. Les personnes dont la Lune est en Sagittaire ont besoin d'aventure, de voyage et de tout ce qui est ethnique. Elles ont besoin qu'on leur laisse la possibilité d'exprimer leurs émotions de façon élégante et volubile. Ces personnes ne sont pas faciles à cerner, mais ce ne sont pas non plus des rabat-joie ni des crampons émotionnels.

Lune en Capricorne

Il s'agit de personnes qui ont besoin de pouvoir et qui peuvent, par exemple, rêver de créer ou de diriger une grande organisation. Elles sont parfois assez endurcies sur le plan émotionnel. Elles peuvent avoir l'impression d'être traitées injustement quand leurs parents sont impliqués. Cependant, elles sont aussi d'une solidité émotionnelle remarquable (sur le long terme) et savent contrôler leurs émotions pour ne pas se laisser submerger. Les personnes dont la Lune est en Capricorne ont besoin d'ordre comme d'autres ont besoin d'air. Elles ont besoin que leur vie personnelle et professionnelle soit structurée. Elles peuvent donner l'impression d'être froides (selon le reste du contenu de leur thème), mais elles sont en fait animées des mêmes sentiments que tout un chacun : elles sont simplement plus douées pour garder un visage neutre. N'oubliez pas que le Capricorne est le signe associé à Saturne, la législatrice du zodiaque qui a la dent dure.

Lune en Verseau

Les personnes dont la Lune est en Verseau sont généralement capables de se détacher de leurs sentiments, si et quand elles le veulent. C'est une chance : elles ne se laissent pas mener par leurs émotions. Pensez-y comme à des personnes venues d'une autre planète, d'un autre temps, d'une autre dimension, galaxie, etc. Elles ne ressentent pas les choses comme les autres. En tout cas, elles sont moins manifestement émotives. Elles sont pragmatiques sur le plan émotionnel et entretiennent probablement une relation entre amour et haine avec la technologie, selon leur degré de maîtrise. Elles ont besoin d'aller de l'avant, peuvent se montrer un poil trop cérébrales, et sont formidables, car elles ne ressassent pas les choses.

Lune en Poissons

Imaginez une énorme pleine lune très romantique éclairant une plage isolée à minuit : voilà à quoi ressemble la Lune en Poissons. Les personnes dont la Lune est en Poissons ont un évident besoin d'eau. Elles peuvent aussi avoir des problèmes de toxicomanie liés à une quête du divin et de l'extase, qu'elles n'arrivent souvent pas à atteindre par des moyens naturels dans notre monde moderne. Elles ont besoin de musique et, souvent, la poésie les apaise. Elles rêvent et ont besoin qu'on les laisse faire, et se retirent parfois du monde. Elles adorent ressentir toutes leurs émotions. Si ce n'est pas votre cas, je vous déconseille de passer trop de temps avec une personne dont la Lune est en Poissons !

La Lune à travers les maisons

Si votre Lune se trouve en...

Maison 1 - vous laissez vos sentiments transparaître.

Maison 2 - vous avez besoin de vous sentir en sécurité sur le plan financier pour l'être aussi sur le plan émotionnel ; vous êtes émotif quand il est question d'argent.

Maison 3 - vous avez besoin de ressentir une connexion humaine et de communiquer à travers n'importe quel moyen.

Maison 4 - vous avez besoin d'un foyer et de votre famille, de vous sentir installé. Vous ne faites pas un bon vagabond.

Maison 5 - vous avez besoin de vous amuser et de frimer un peu : vous montrez aux autres comment vivre/faire la fête.

Maison 6 - on peut compter sur vous. Vous avez besoin d'habitudes et avez la tête sur les épaules.

Maison 7 - vous avez besoin de relations et de partenariats, de vous lier aux autres, et d'amour.

Maison 8 - vous êtes sans doute un personnage mystérieux, voire sombre ; vous êtes complexe sur le plan émotionnel.

Maison 9 - vous avez besoin de voyager et de voir le monde ; besoin d'espace ; vous aimez échanger des idées.

Maison 10 - vous avez besoin de mener une carrière et qu'on vous autorise à être ambitieux ; vous pouvez avoir fortement besoin d'accéder à un certain statut.

Maison 11 - vous avez besoin d'amis et de réseaux, et de sentir que vous n'êtes pas seul.

Maison 12 - vous êtes capable de cacher vos émotions, voire de les réprimer. Vous avez besoin qu'on soit aux petits soins avec vous.

L'ascendant

Voici un rappel des principales caractéristiques de chaque ascendant - consultez également les descriptions du chapitre 6. Approfondissez ces descriptions en les mettant en parallèle avec celles des signes du zodiaque (pages 75-93). Comme vous le savez, l'ascendant détermine l'image que l'on donne de soi, colorée par le signe du zodiaque où il se trouve.

N'oubliez pas que votre ascendant dépend de votre date, heure et lieu de naissance. Deux personnes nées au même moment, mais à plusieurs kilomètres d'écart, n'auront sans doute pas le même ascendant. Cela signifie aussi que leurs maisons seront différentes, modifiant l'ensemble de leur thème.

Si votre ascendant se trouve en...

Bélier - vous foncez tête la première sans prendre le temps de réfléchir ; le rouge vous va bien, qu'il s'agisse de vos vêtements ou de votre voiture.

Taureau - vous êtes pragmatique, et présentez probablement les formes d'une personne qui aime faire bonne chère.

Gémeaux - vous êtes sûrement frivole et fantaisiste, surgissant auprès de vos amis puis disparaissant aussitôt pendant les fêtes ; bavard.

Cancer - vous aimez nourrir les autres, et la nourriture tout court ; si vous êtes une femme, vous avez probablement une poitrine généreuse ; vous êtes sentimental et émotif.

Lion - on vous voit souvent parader tel un paon devant vos fans.

Vierge - vous semblez peut-être plus timide que la moyenne, mais il ne s'agit sans doute que d'une façade !

Balance - vous exhalez la beauté, l'équilibre et l'harmonie.

Scorpion - vous êtes mystérieux et réprimez peut-être vos sentiments ; vous êtes difficile à percer à jour, sexy.

Sagittaire - vous êtes agréable, drôle, et savez raconter les blagues ; vous avez peut-être tendance à vous montrer moralisateur.

Capricorne - vous avez l'air mature et autoritaire ; on vous prend au sérieux ; vous évitez de vous plaindre.

Verseau - vous avez possiblement un regard fou ; vous sortez du rang ; vous êtes coloré, original et audacieux.

Poissons - vous êtes rêveur, romantique et spirituel, possiblement éclairé sur le plan spirituel ; hippy et ethnique ; doux.

Mercure ☿

Mercure est la planète de l'esprit, et le signe et la maison où elle se trouve affectent votre façon de communiquer. Elle parcourt l'horoscope assez rapidement, restant quelques semaines dans chaque signe. N'oubliez pas non plus que Mercure recule (rétrograde) jusqu'à quatre fois par an, il est donc assez habituel d'avoir Mercure rétrograde dans son thème. Cela ne change rien aux interprétations ci-dessous, si ce n'est que dans ce cas, l'énergie mercurienne est un peu moins « m'as-tu-vu » et plus tournée vers l'introspection.

Mercure à travers les signes

Si votre Mercure se trouve en...

Bélier - vous réagissez vite et êtes colérique ; vous parlez avant de réfléchir. Vous êtes fougueux et enclin à vous disputer.

Taureau - vous êtes parfois têtu, mais très stable sur le plan mental bien qu'un tantinet paresseux. Vous prenez vos décisions lentement et tendez vers le conventionnel ; vous êtes adroit avec les questions pragmatiques.

Gémeaux - vous êtes vif d'esprit et drôle ; capable de parler pendant des heures et plus encore. Vous posez d'incessantes questions, écrivez de longs e-mails : vous êtes un bavard impénitent. Vécu négativement, cet emplacement peut vous rendre superficiel.

Cancer - vous parlez gentiment et doucement ; vous êtes sentimental, vif, émotif et souvent accueillant. Vous vous inquiétez beaucoup trop, êtes agité et doué pour endormir les enfants en leur chantant des berceuses ; apaisant.

Lion - Mercure est la planète de la communication, et le Lion est le signe de l'acteur et du show-biz : vous obtenez l'attention des autres et parlez sans arrêt pour rester sous les projecteurs.

Vierge - cette Mercure a tout pour elle : Mercure = l'esprit, Vierge = l'amour des détails (au point d'en devenir tatillon). Vous êtes peut-être un poil trop pragmatique ; tout ne tourne pas autour de l'intelligence.

Balance - vous voulez avoir de belles pensées et entendre, dire et écrire de belles paroles. Vous êtes amusant pendant les fêtes, futé, et très doué pour apporter la paix et l'harmonie là où régnait la colère. Négociateur et charmeur.

Scorpion - vous voulez aller au bout des choses, car vous avez besoin de savoir ; vous examinez. Esprit sexuel. Fort et silencieux. Vous aimez les mystères. Vous avez parfois envie de dire des obscénités, avez l'esprit mal placé, mais d'une façon positive.

Sagittaire - vous êtes positif, optimiste et toujours prêt à faire une blague et à éclater de rire. Vous avez une petite tendance à sermonner les autres. Vous devriez être un peu plus attentif. Insouciant. Vous avez souvent besoin de faire des efforts pour vous montrer plus responsable.

Capricorne - vous êtes réfléchi et les autres prennent facilement au sérieux votre voix autoritaire. Vous adorez l'histoire, êtes logique. Vous voulez souvent la vérité et avez besoin d'intégrité.

Verseau - vous êtes un libre penseur. Verseau est le signe de la technologie, et vous avez parfois une longueur d'avance. Il vous arrive d'être franc au point d'être brutal, vous devez faire des efforts pour être plus sensible.

Poissons - vous êtes visionnaire et savez prendre beaucoup de recul. Rêveur et poétique, vous avez tendance à tout idéaliser. Vous êtes idéaliste, mordu de musique et/ou de cinéma et avez sûrement la fibre artistique.

Mercure à travers les maisons

Si votre Mercure se trouve en...

Maison 1 - on vous attribue toute sorte de caractéristiques mercuriennes, en vous prenant notamment pour un penseur ou un bavard. Les Mercuriens n'ont pas peur de montrer leur côté Mercure.

Maison 2 - vous gardez un œil sur vos finances et pensez beaucoup à l'argent, à la propriété et aux possessions. Vous savez comment gagner de l'argent. Vous avez un esprit mathématique.

Maison 3 - vous êtes un bavard/penseur/écrivain. On peut dire que vous en tenez une double couche : la planète de la communication se trouve dans votre maison de la communication. Un érudit.

Maison 4 - votre foyer et votre famille sont au centre de vos préoccupations. Vous aimez penser au passé. Vous êtes peut-être très discret et introverti.

Maison 5 - la planète de l'esprit s'aventure dans la maison de l'amusement : qu'est-ce que cela vous apprend ? Que vous êtes drôle et joueur. Vous vous exprimez souvent, et êtes fréquemment créatif.

Maison 6 - vous êtes très concentré sur votre travail et vos devoirs à remplir. Vous réfléchissez beaucoup aux façons d'arranger au mieux votre vie quotidienne. Vous êtes occupé et vous intéressez à la santé et aux médecines et remèdes alternatifs.

Maison 7 - vous penserez beaucoup à l'amour tout au long de votre vie, peut-être elle-même consacrée à penser aux autres. Il est possible que vous rameniez tout aux histoires d'amour. Vous parlez ou écrivez sur l'amour.

Maison 8 - vous pensez beaucoup au sexe ou à l'argent. Ou au deux ! Votre esprit est parfois tourné vers le côté le plus sombre de la vie. Vous parlez de ce que les autres jugent tabou.

Maison 9 - il s'agit en théorie d'un superemplacement (cela dépend des planètes avec lesquelles Mercure interagit). La planète de l'esprit se trouve dans la zone « grande ouverte » de votre thème. Les voyages et les études occupent une place importante dans votre vie.

Maison 10 - vous vous focalisez sur votre carrière et votre profession. Vous êtes peut-être doué en planification stratégique. Vous pensez aux conséquences et échafaudez des plans. Votre carrière sera parsemée de nombreux événements déclenchés par les planètes en transit au-dessus de Mercure.

Maison 11 - vous aimez être avec vos amis. Vous êtes sociable et connecté. Vous aimez rassembler vos proches ou participer à de gros événements et écouter. Vous comprenez le concept de la loi de l'attraction et des souhaits.

Maison 12 - vous êtes peut-être assez porté sur la spiritualité. Il faut vous encourager à ne pas vous focaliser sur vos peurs. La méditation vous serait doublement bénéfique. Vous avez besoin de passer du temps seul. Les retraites vous font du bien.

Vénus ♀

Vénus étant la planète de l'amour et de l'argent, de nombreux apprentis astrologues s'y intéressent rapidement ! Le signe et la maison où se trouve Vénus, ainsi que les aspects qu'elle forme avec les autres planètes de votre thème, déterminent la façon dont vous aimez les autres et vous liez à eux, ainsi que votre capacité à attirer l'abondance. Connaître la Vénus de quelqu'un permet de savoir ce qu'il aime, ce qui le fait se sentir aimé et comment lui montrer que vous l'aimez.

Vénus à travers les signes

Si votre Vénus se trouve en...

Bélier - il s'agit d'une énergie impétueuse. Ainsi, quand la planète de l'amour et des richesses y est activée, cela donne un amant impétueux et souvent très attirant. La puissance de Vénus est très forte dans ce signe.

Taureau - phéromones en vue ! Vous êtes beau et élégant, bien que terre-à-terre. Vous adorez le contact sensuel. Vous êtes doué en cuisine et pouvez même vous révéler un chef exceptionnel. Si vous êtes un homme, vous avez une bonne idée de ce que veulent les femmes.

Gémeaux - vous aimez les mots, et ceux qui les manient avec talent. Vous êtes parfois inconstant en amour et avez une faible capacité de concentration quand il est question d'argent. Vous pouvez gagner de l'argent en vous exprimant. Dragueur.

Cancer - vous êtes chaleureux et bienveillant, et mettez les autres à l'aise, probablement avec un peu de nourriture. Vous êtes friand de câlins, et savez comment rendre votre maison accueillante. Vous êtes très protecteur avec vos petits.

Lion - vous cherchez à éblouir et y arrivez souvent. Vous vous bonifiez avec le temps. Vous voulez un mari/une femme trophée, et tout ce qui est beau. Vénus en Lion est une princesse habituée à ce qu'il y a de mieux.

Vierge - vous adorez les détails, vous occuper de vous et rendre service. Vous êtes très critique et exigeant avec les personnes qui comptent pour vous. Vous aimez les amants littéralement très propres, et de préférence sentant le savon. Vous pouvez être très coquin une fois les rideaux tirés.

Balance - Vénus est probablement à son apogée dans ce signe. Vous êtes doux et gentil, et vos manières sont impeccables. Si vous êtes un homme, vous pratiquez peut-être même le baisemain. Mais attention : vous aimez l'amour, et il a intérêt à être charmant. Irréductible romantique, vous êtes aussi un bon narrateur.

Scorpion - voici une Vénus mystérieuse et séductrice, qui ne se dévoilera certainement pas entièrement. Vous avez tendance à vous enflammer. Vous pouvez être jaloux. Intense.

Sagittaire - vous êtes un amant volage qui disparaît du jour au lendemain et revient deux jours plus tard. Vous n'avez pas peur de montrer aux autres que vous tenez à eux. Vous êtes libre et simple, pas pot de colle pour un sou (les sangsues ont d'ailleurs tendance à vous agacer).

Capricorne - voilà un signe compliqué : vous craignez souvent ou avez l'impression qu'on ne vous aime pas assez. Vous êtes un amant correct et ne laissez pas tomber votre partenaire, à moins de vous sentir menacé.

Verseau - vous cherchez calmement un compagnon original. Vous n'êtes pas du genre pot de colle, mais parfois un peu trop porté sur le mental et pas assez sur le cœur. Vous êtes souvent très élégant et avant-gardiste. Vous avez beaucoup d'amis. Un idéaliste.

Poissons - vous êtes rêveur et gentil ; peut-être un peu trop sentimental et doux pour le monde moderne. Vous aimez la beauté et l'imagination. Vous êtes affectueux et attirez des personnes chaleureuses. Vous voyez la vie en rose.

Vénus à travers les maisons

Si votre Vénus se trouve en...

Maison 1 - l'amour est très important pour vous. Vous avez probablement belle allure et un grand sens du style.

Maison 2 - vous avez une forte appréciation de ce qui compte vraiment. Vous appréciez ce qui est de bonne qualité.

Maison 3 - vous êtes sociable et très doué pour communiquer de façon profonde et agréable.

Maison 4 - vous pouvez faire de votre maison un endroit merveilleux où l'on aime passer du temps. Vous êtes dévoué à votre famille. Accueillant.

Maison 5 - vous êtes une personne charmante et désinvolte quand il s'agit d'amour. Charismatique.

Maison 6 - vous ferez tout votre possible pour que votre travail soit un endroit encore plus beau et agréable.

Maison 7 - vous vous focalisez sur l'amour et les relations, et faites un bon partenaire.

Maison 8 - il vous arrive de jauger les gens et les choses. Vous êtes un compagnon profond et mystérieux. Sexuel.

Maison 9 - vous aimez voyager, étudier, l'exotisme, ou l'éducation et la religion.

Maison 10 - vous connaissez le succès professionnel. Vous êtes populaire au travail et gagnez bien votre vie.

Maison 11 - vous aimez vos amis et vos amis vous aiment. Vous êtes une personne sociable. Vous avez des amis artistes et un réseau féminin puissant.

Maison 12 - vous avez peut-être peur de montrer vos sentiments, voire peur des relations elles-mêmes. Vous cachez votre beauté et votre talent artistique. Histoires d'amour secrètes.

Mars ♂

Mars est la planète du sexe, de la motivation et de la détermination, qui fait ce qu'il faut pour arriver à ses fins. Le signe et la maison où elle se trouve affectent la façon dont vous poursuivez vos objectifs. Mars détermine aussi pourquoi et comment vous vous disputez. Mars en Gémeaux vous assommera par exemple avec ses bavardages ! Mars en Balance évite les disputes, mais n'hésite pas à se battre pour la justice, etc. ; n'oubliez pas que Mars met environ deux ans à faire le tour de l'horoscope.

Mars à travers les signes

Si votre Mars se trouve en...

Bélier - vous vous lancez à la poursuite de vos objectifs. Vous débordez de désir, et les autres ont intérêt à se pousser de votre chemin !

Taureau - vous pouvez atteindre le succès par votre seule volonté. Vous êtes pragmatique, et fortement sexué.

Gémeaux - vous vous battez avec les mots ; vous êtes enthousiaste et avez besoin de liberté. Les mots vous excitent.

Cancer - vous êtes très protecteur avec vos proches et vous efforcez de construire une forteresse. Cet emplacement n'est pas le plus simple à gérer.

Lion - vous possédez une vitalité et une énergie très fortes ; vous agissez rapidement et prenez la tête de n'importe quelle meute/groupe avec plaisir.

Vierge - vous êtes très porté sur la discipline et le devoir. Vous possédez peut-être des qualités physiques. Vous êtes fin stratège.

Balance - vous cherchez peut-être la bagarre dans vos relations, et feriez mieux de déplacer cette énergie vers la recherche de la paix.

Scorpion - vous êtes sans doute ténébreux. Fortement sexué, vous incarnez la passion. Vous êtes attiré par les scènes dramatiques et les situations passionnées.

Sagittaire - vous êtes doté d'une énergie illimitée et d'un esprit aventureux. Il vaut mieux ne pas vous enfermer.

Capricorne - comme on dit, vous avez le feu sacré. Vous êtes une personne ambitieuse, et devez contrôler votre tendance à vous montrer sans pitié.

Verseau - vous jouez parfois avec les nerfs de votre entourage et avez besoin de vous débrancher. Dynamique, vous vous battez pour l'humanité.

Poissons - vous débordez de sentiments et ne savez pas toujours quoi en faire. Le yoga ou le tai-chi peuvent vous aider.

Mars à travers les maisons

Si votre Mars se trouve en...

Maison 1 - vous semblez parfois direct et trop sûr de vous. Vous avez besoin de passer par l'agression.

Maison 2 - vous êtes pressé d'accumuler des richesses et êtes prêt à « faire ce qu'il faut » pour y arriver.

Maison 3 - vous avez beaucoup de mal à vous empêcher de dire ce que vous pensez.

Maison 4 - vous vous préoccupez de votre famille et de créer un foyer. Vous avez peut-être besoin de vous calmer à la maison.

Maison 5 - vous êtes une boule d'énergie. Vous aimez sortir et vous amuser. Vous êtes sportif.

Maison 6 - vous êtes très motivé au travail, et prêt à travailler dur pour les autres. Vous êtes peut-être une personne très saine et soucieuse de sa santé.

Maison 7 - vous êtes parfois très provocateur et faites un partenaire énergique. Apprenez à ne pas démarrer les disputes !

Maison 8 - vous voudriez explorer les profondeurs de la vie. Vous devez développer votre patience en matière de sexe et d'argent.

En maison 9 - vous êtes capable de partir en croisade pour une cause en laquelle vous croyez. Vous êtes un voyageur et un élève motivé.

Maison 10 - vous êtes déterminé à réussir, avez soif de reconnaissance et êtes prêt à la conquérir.

Maison 11 - vous vous montrez parfois agressif envers vos amis, ou vous voudriez en avoir beaucoup.

Maison 12 - peut-être réprimez-vous votre colère. Je vous recommande les pratiques spirituelles comme le tai-chi.

Jupiter ♃

Et qu'en est-il de Jupiter, la planète porte-bonheur ? Il est certain que Jupiter amplifie les caractéristiques du signe où elle se trouve, mais prenez garde aux excès - aux abus - et à ne pas vous laisser aller. L'emplacement de Jupiter dans votre thème désigne les domaines où les choses ont des chances de se dérouler tranquillement. Jupiter met environ un an à parcourir tous les signes.

Jupiter à travers les signes

Si votre Jupiter se trouve en...

Bélier - vous êtes plein de joie de vivre, excité, d'humeur à vous amuser et à faire la fête très souvent ; vous êtes volontaire.

Taureau - vous vous en sortez bien financièrement. Vous aimez les plaisirs de la vie, vous êtes gourmand et jaloux. Vous êtes connecté au Divin féminin.

Gémeaux - vous êtes une vraie pipelette, ouvert d'esprit et malin ; très dragueur, vous voyagez beaucoup. Vous attirez ou créez le changement.

Cancer - vous êtes accueillant et bienveillant. La nourriture est toute une aventure. Vous êtes très porté sur la famille, sympathique et émotif.

Lion - vous êtes éblouissant et avez le sens du spectacle. Vous êtes généreux, parfois tape-à-l'œil. Vous célébrez la vie.

Vierge - vous faites très attention aux détails. Vous êtes critique, terriblement pragmatique et terre-à-terre.

Balance - vous êtes élégant, artiste et sociable. Vous aimez l'amour et aimerez sans doute beaucoup. Souvent populaire et attirant.

Scorpion - vous êtes sexy, insondable et mystérieux. Vous dissimulez des intentions cachées et de nombreux secrets. Vous êtes digne.

Sagittaire - vous êtes un aventurier, vous prenez des risques et voyagez. Vous êtes plein d'entrain et désinvolte.

Capricorne - vous êtes pragmatique, consciencieux et opérationnel. Vous vous contrôlez et formulez de grands projets. Vous aimez travailler.

Verseau - vous possédez de nombreux gadgets, vous êtes un adepte du progrès et de la technologie. Vous êtes humaniste et contribuez à la communauté.

Poissons - vous possédez de nombreuses capacités psychiques et une forte intuition. Vous aimez rêvasser, êtes facile à vivre et carburez aux sentiments.

Jupiter à travers les maisons

Si votre Jupiter se trouve en...

Maison 1 - vous êtes gai et de nature enjouée. Vous prenez facilement du poids. Vous donnez l'impression de bien vous en sortir dans la vie.

Maison 2 - vous avez certainement beaucoup d'argent, mais prenez garde à ce qu'il ne vous brûle pas les doigts !

Maison 3 - vous êtes bavard, une vraie pipelette, ouvert d'esprit et fou d'aventure. Vous lisez et/ou écrivez beaucoup.

Maison 4 - vous aimez votre vie de famille à la maison. Vous avez un côté très protecteur. Vous aimez les grandes familles.

Maison 5 - vous vous placez sur le devant de la scène, prenez de gros risques et relevez d'importants paris. Vous êtes dragueur, sexy et aventureux sur le plan sexuel.

Maison 6 - vous aimez la routine et les emplois du temps bien réglés. Votre vie quotidienne est animée. C'est un plaisir de vous avoir pour collègue.

Maison 7 - vous connaissez de nombreux partenaires, et collectionnez peut-être les mariages, ou avez une grande soif d'amour.

Maison 8 - vous plongez dans le côté obscur de la vie, le mystérieux et l'occulte. Vous êtes un être sexuel. C'est un bon emplacement pour les finances.

Maison 9 - vous vous épanouissez à travers l'édition, les voyages, la philosophie ou en parcourant le monde. Vous savez prendre du recul.

Maison 10 - vous pouvez atteindre le succès sur le plan professionnel. Très doué avec les questions mondaines, vous êtes reconnu ou célèbre.

Maison 11 - vous êtes populaire et entretenez de grands espoirs et souhaits. En vrai philanthrope, vous souhaitez venir en aide au monde.

Maison 12 - de nombreux mystères vous entourent. Vous êtes un bébé nageur, un rêveur. Mélancolique et poétique.

Saturne ♄

Et qu'en est-il de votre Saturne, planète du dur labeur et de la peur ? Saturne restant environ deux ans dans chaque signe, notez qu'elle vous en apprend beaucoup sur toutes les personnes nées pendant cette période. Vous découvrirez ainsi leur façon de travailler, mais aussi leur relation aux autres qualités et attributs propres à Saturne - par exemple, apprendre et enseigner - et leur rapport à l'engagement sur le long terme.

Comme je vous l'ai expliqué plus haut, toutes les planètes présentent des aspects positifs et négatifs, mais il est vrai que Saturne se concentre sur les moins légers. Bien sûr, tout le monde n'en exprimera pas forcément les caractéristiques, et les aspects formés avec les autres planètes du thème altèrent la façon dont elles se manifestent. Par exemple, un trigone avec Vénus adoucira les choses, tandis qu'un carré avec Mars (feu) envenimera la situation (Saturne).

Saturne à travers les signes

Si votre Saturne se trouve en...

Bélier - vous suivez une discipline toute militaire, êtes organisé et déterminé : intelligemment canalisées, ces qualités pourraient vous amener à accomplir de grandes choses.

Taureau - vous avez peur de l'argent, faites preuve d'une grande force de caractère. Il peut être difficile de vous faire changer d'avis, et vous vous montrez parfois égoïste.

Gémeaux - vous avez des pensées négatives, et vous vous focalisez parfois sur vos peurs. Votre esprit est organisé et votre ton autoritaire.

Cancer - vous êtes bienveillant (peut-être même travaillez-vous dans le domaine du soin ?) ; vous êtes peureux et vous inquiétez beaucoup. Votre vie de famille est intense. Vous avez sûrement fort caractère.

Lion - vous êtes un autocrate en lutte pour répandre votre lumière. Vous avez l'air chétif. Vous cachez la lumière.

Vierge - vous vous occupez de tous les problèmes. Vous vous montrez parfois trop critique et vous chipotez sur les détails. Vous avez besoin de vous détendre.

Balance - vous êtes sérieux, ce qui fait souvent votre charme. Votre jugement est équilibré. Vous êtes « doué » pour les relations sur le long terme.

Scorpion - vous cachez de sombres secrets et embrassez votre côté obscur. Vous avez une forte volonté et faites un opposant redoutable.

Sagittaire - vous êtes digne et capable de concrétiser vos idées. Vous modérez votre amusement en travaillant. Vous ne plaisantez pas avec la religion.

Capricorne - vous êtes prévoyant et avez le potentiel pour réussir professionnellement. Vous êtes un bourreau de travail.

Verseau - vous faites preuve de bon sens et travaillez pour le progrès. Vous avez l'esprit scientifique, êtes précis et doué avec les ordinateurs.

Poissons - il vous arrive de vous appesantir sur le négatif ; vous travaillez avec la musique, l'occulte ou dans un domaine spirituel. Vous êtes détendu, sérieux.

Saturne à travers les maisons

Si votre Saturne se trouve en...

Maison 1 - vous êtes sérieux et les autres vous prennent au sérieux ; évitez d'être sévère. Quand vous entrez dans une pièce, les personnes présentes voient Saturne. Évitez de vous prendre trop au sérieux. Vous avez aussi un grand sens de l'humour.

Maison 2 - vous gérez votre argent de façon organisée et vous exprimez peut-être comme si l'argent vous faisait peur. Si c'est le cas, affrontez le problème en planifiant vos finances et en élaborant une stratégie sur le long terme. Cela vous aidera vraiment. Vous êtes très économe.

Maison 3 - vous avez tendance à toujours voir le verre à moitié vide. Vous avez besoin d'entraîner votre cerveau à remarquer le positif. Vécu de façon positive, ce placement fera de vous un penseur rigoureux ; vécu de façon négative, vous risquez plutôt de vous transformer en penseur rigide. Votre façon de communiquer est empreinte de sérieux.

Maison 4 - vous bâtissez une vie personnelle et un socle familial très forts. Vous rencontrez peut-être des problèmes familiaux. Vous devez affronter les drames qui frappent votre vie privée en faisant preuve de maturité et d'intelligence. Vous vivez une relation karmique avec les membres de votre famille, agrémentée de nombreux problèmes irrésolus liés à vos vies antérieures.

Maison 5 - vous avez besoin de prévoir des moments pour vous amuser, au risque d'oublier de vous détendre. Les leçons que vous réserve la vie relèveront du domaine de la romance et des enfants. Vous êtes franchement créatif. Vous devriez éviter d'être rabat-joie et avez besoin de vous exprimer.

Maison 6 - voilà un excellent emplacement pour Saturne. Vous aimez avoir une vie rythmée et suivre votre routine et votre emploi du temps. Vous êtes un travailleur consciencieux et serviable. La planète prosaïque dans la maison prosaïque. Attention à ne pas trop travailler !

Maison 7 - vous apprendrez les leçons les plus importantes de votre vie grâce à vos relations : le « véritable » amour. Vous avez besoin d'aimer avec plus de légèreté. Il peut s'agir d'un emplacement difficile si vous ne choisissez pas vos compagnons intelligemment. Sinon, il est au contraire propice aux relations durables.

Maison 8 - vous êtes doué pour mettre au point des projections financières sur le long terme. Choisissez vos partenaires financiers avec jugeote ! En faisant le bon choix, vous obtiendrez des finances solides. Au contraire, un mauvais choix pourrait vous mener à la précarité. Vous devez travailler à travers vos peurs.

Maison 9 - vous adorez étudier, et le savoir compte beaucoup pour vous ; vous vous plairiez en travaillant dans l'édition, les voyages ou l'éducation. Vous avez peut-être besoin de prendre du recul. Vous voyagez pour le travail. Vous êtes une personne d'honneur.

Maison 10 - vous êtes très ambitieux et travaillez d'arrache-pied : vous avez peur de l'échec professionnel. Il s'agit d'un placement quitte ou double. Il n'y a pas beaucoup d'angles à arrondir. Vous êtes autoritaire et aimez donner des instructions.

Maison 11 - vous tirez d'importantes leçons de vie de vos amis, et vous avez besoin de faire des efforts pour vous persuader qu'ils vous aiment. Vous êtes humaniste et exigeant dans le choix de vos amis : vos relations n'en durent que plus longtemps.

Maison 12 - vous êtes peut-être un peu solitaire, potentiellement très spirituel et discipliné dans vos pratiques. S'il s'exprime négativement, ce placement peut être source de chagrins. La méditation quotidienne vous serait très bénéfique.

Uranus ♅

Intéressons-nous à présent à la rebelle du zodiaque : Uranus. La planète du chaos met environ 84 ans à parcourir le zodiaque, restant ainsi près de 7 ans dans chaque signe. Le passage d'Uranus entraîne des perturbations, mais aussi des progrès. Étant donné qu'elle reste au même endroit pendant plusieurs années, toutes les personnes nées dans une fourchette de 7 ans auront leur Uranus dans le même signe. En conséquence, des générations entières chercheront à accomplir une même action uranienne, renversant les conventions pour aller de l'avant.

C'est pour cela qu'on parle d'Uranus comme d'une planète générationnelle : elle influence de très nombreuses personnes de la même façon. Par exemple, si vous êtes né entre 1968 et 1975, votre Uranus (changement) se trouve en Balance (les relations). En Occident, il s'agit de la génération qui a fait évoluer les relations vers leur configuration actuelle, plus moderne. Notez aussi qu'Uranus est la planète de la libération et Balance le signe dirigé par Vénus, la planète du féminin, et nous avons assisté à la libération de la femme durant cette période. Uranus est provocante : pensez à combien la société policée de l'époque a été choquée quand les femmes ont commencé à brûler leurs soutiens-gorge en signe de contestation.

Prenons un autre exemple : la plupart des personnes nées entre 1988 et 1995 ont leur Uranus en Capricorne. Il s'agit de celles qui secoueront et provoqueront un changement (Uranus) dans les modèles d'entreprise et économiques (Capricorne). C'est aussi la période où les entreprises (Capricorne) en ligne (Uranus) révolutionnent (Uranus) le commerce (Capricorne).

Retrouvez les signes parcourus par Uranus ces 100 dernières années sur theastrologybook.com/Uranus.

Uranus à travers les signes

Les générations dont l'Uranus se trouve en...

Bélier - sont rebelles, impossibles à attacher. Elles en ont tout à fait conscience, et ça ne leur pose aucun problème.

Taureau - sont étonnamment romantiques et romantiquement étonnantes. Elles doivent éviter d'être égoïstes et têtues.

Gémeaux - sont des esprits libres. Elles bouillonnent d'idées modernes, mais communiquent de façon chaotique. Leur façon de penser est originale, elles sont inventives.

Cancer - ont une vie de famille/domestique plutôt chaotique, ou une famille très moderne. Leur style de vie est anticonformiste, et elles sont parfois excentriques.

Lion - sont rebelles, peut-être un peu hystériques. Elles savent changer la donne, sont créatives et adorent quand les choses avancent. Leur façon de s'exprimer est unique.

Vierge - connaissent des progrès en médecine alternative/vibratoire. Elles apportent des changements au *statu quo* féminin, et sont intelligentes.

Balance - connaissent des changements dans leur façon de vivre les relations. Ce sont des romantiques rebelles, qui se conforment à des normes de partenariat différentes.

Scorpion - sont progressistes sur le plan sexuel et renversent les idées fixes. Elles doivent éviter la vengeance et ressentent souvent de fortes émotions.

Sagittaire - sont des personnes sans merci qui recherchent le progrès quoi qu'il en coûte. Elles sont irréfléchies, pas très orthodoxes et nerveuses.

Capricorne - se montrent anticonformistes dans les questions relatives à leur carrière professionnelle. Il s'agit de professionnels uniques et innovants, infatigables.

Verseau - sont des personnes à l'esprit scientifique, des humanistes qui entraînent le monde vers l'avenir ; des talents numériques ; des inventeurs, libres.

Poissons - sont des idéalistes qui ont des idées nouvelles liées au mysticisme. Elles modernisent la musique et l'art. Elles sont changeantes.

Uranus à travers les maisons

Les générations dont l'Uranus se trouve en...

Maison 1 - ont l'air différentes : des rebelles libérés qui font ce qu'ils veulent.

Maison 2 - connaissent des variations dans leurs finances et trouvent des façons originales de gagner de l'argent. Elles travaillent bien en solo et voient leurs valeurs évoluer au fil du temps.

Maison 3 - sont de véritables libres penseurs. Elles vivent en dehors des sentiers battus et sont mentalement indisciplinées. Géniales !

Maison 4 - ont une vie de famille anticonformiste comprenant de nombreux foyers. Elles apportent la technologie dans leur maison et font pousser leurs racines.

Maison 5 - ont une vie amoureuse chaotique et des relations amoureuses et sexuelles libres. Elles débordent d'une créativité débridée et sont très douées avec le numérique.

Maison 6 - travaillent dans le numérique, sont des autoentrepreneurs et ont une vie professionnelle inhabituelle, des habitudes chaotiques. Elles ont besoin de changement au quotidien.

Maison 7 - constituent des partenaires originaux. Elles ont des problèmes d'engagement et connaissent la liberté maritale. Elles sont anticonformistes et romantiques.

Maison 8 - explorent leur sexualité, qui n'est d'ailleurs pas traditionnelle. Leurs finances font les montagnes russes et elles apportent des héritages inattendus.

Maison 9 - ont un esprit rebelle et recherchent la vérité cosmique. Elles réalisent des études et des voyages originaux. Éducation irrégulière.

Maison 10 - sont des rebelles professionnelles qui changent souvent d'emploi. Elles travaillent bien seules/dans le numérique et font un travail imprévisible.

Maison 11 - changent de groupes d'amis et sont attirées par les personnes excentriques. Elles souhaitent vivre des moments originaux.

Maison 12 - ont une vision pour l'avenir. Elles dissimulent leurs petites erreurs et se sentent parfois très différentes des autres.

Neptune ♆

Voici à présent la planète des rêves et des âmes sœurs. Il s'agit encore une fois d'une planète très lente, et donc appelée « générationnelle » (voir page 47). Neptune met environ 167 ans à parcourir les douze signes du zodiaque, restant environ 14 ans dans chacun d'entre eux. Notez que Neptune est la planète de la confusion et de la déception : son emplacement dans votre thème ou en transit désigne des domaines où vous pouvez vous attendre à être déçu ou perdu.

D'un autre côté, Neptune est aussi la planète de l'idéalisme, de l'inspiration et de la connexion au divin. Mon but avoué étant d'élever les autres grâce à l'astrologie, j'ai décidé de me concentrer principalement sur les qualités positives de Neptune dans les descriptions ci-dessous. Mais, si vous souhaitez appliquer les idées de trahison, de déception, de confusion et de sacrifice au signe ou à la maison où elle se trouve, ne vous privez pas. Ces deux facettes existent, et aucune n'est obligatoire.

Notez que depuis 1900, Neptune n'est passée qu'en Gémeaux, Cancer, Lion, Vierge, Balance, Scorpion, Sagittaire, Capricorne, Verseau et Poissons. J'ai quand même inclus les descriptions pour tous les signes.

Neptune à travers les signes

Les personnes dont la Neptune se trouve en...

Bélier - ont très envie de découvrir les secrets de l'inconnu. Ce sont des personnes subversives et idéalistes.

Taureau - sont musicales, aimantes et possèdent de grandes qualités artistiques. Ce sont des visionnaires, elles sont charmantes et gagnent de l'argent grâce à l'art ou à la spiritualité.

Gémeaux - sont des penseurs fantaisistes, capables d'écrire des histoires fantastiques. Elles possèdent une vaste imagination et ont tendance à s'inquiéter.

Cancer - sont rêveuses et ont une famille et une maison de rêve. Elles sont attirantes, émotives, paresseuses, très sympathiques.

Lion - aiment le show-biz et les paillettes. Elles ont parfois une idée très personnelle de leur côté formidable et sont créatives.

Vierge - sont confuses, critiques et ne savent pas vraiment ce qu'elles veulent. Elles sont idéalistes vis-à-vis des secteurs de la santé et des services.

Balance - rêvent de beauté, d'art, de mode. Elles ont parfois des difficultés avec le juridique. Ce sont des personnes romantiques et visionnaires, mais aussi de vrais Don Juan.

Scorpion - sont portées sur les fantasmes sexuels et peuvent être fourbes sur le plan sexuel. Elles sont secrètes, sarcastiques, attirées par l'occulte.

Sagittaire - rêvent de voyage et sont idéalistes. Elles cherchent à fusionner avec la vie en voyageant et en étudiant. Ce sont des utopistes.

Capricorne - sont prévoyantes, animées d'un esprit d'entrepreneur. Elles déconstruisent les anciennes façons de travailler et sont des idéalistes professionnels.

Verseau - ont un désir d'aider l'humanité et sont charitables. Elles sont connectées numériquement et rêvent de liberté.

Poissons - sont éveillées sur le plan spirituel, douces, et n'ont pas de limites. Elles s'immergent dans leurs rêves et sont romantiques à l'excès.

Neptune à travers les maisons

Les personnes dont la Neptune se trouve en...

Maison 1 - ont l'air rêveuses, romantiques et peut-être un peu perdues. Ce sont des idéalistes.

Maison 2 - sont confuses vis-à-vis de l'argent. Elles ont besoin de gagner de l'argent d'une façon qui les inspire. Elles accordent de l'importance à leurs rêves.

Maison 3 - ont des idées qui élèvent et inspirent. Elles sont intuitives et vite perturbées.

Maison 4 - ont une vie de famille idéale et qui les exalte. Elles sont inspirées par les valeurs liées à la famille. Elles vivent près de la mer.

Maison 5 - adorent se perdre en s'amusant, notamment en consommant des drogues et de l'alcool. Ce sont des séducteurs rêveurs.

Maison 6 - rêvent d'être utiles. Il leur est difficile de suivre une routine. Elles travaillent avec les mystères de la vie.

Maison 7 - cherchent et trouvent souvent une âme sœur. Elles peuvent être inspirées par un partenaire.

Maison 8 - apprécient le tantrisme et l'union sexuelle divine. Elles obtiennent des récompenses financières grâce à un travail exaltant.

Maison 9 - sont de grands esprits qui peuvent voir loin et grand. Elles ont des visions et percent les mystères. Des sourciers.

Maison 10 - peuvent être perdues sur le plan professionnel. Un travail inspirant peut les mener à la réussite et à réaliser leurs rêves de carrière.

Maison 11 - inspirent leurs amis et se font des amis inspirants. Elles ont un idéal de société et sont de véritables rêveurs humanistes.

Maisons 12 - ont une excellente connexion au cosmos. Elles ont des peurs aléatoires et des capacités psychiques. Elles pratiquent de profondes méditations.

Pluton ♇ ♇

Pour finir, voici la planète de la puissance et de la passion. Pluton met approximativement 248 ans à parcourir les douze signes, et reste entre 14 et 30 ans dans chacun d'entre eux. Les mots-clés de Pluton sont la magie, la passion, la puissance, la destruction, la transformation, la mort, la renaissance et les tabous. Notez que Pluton est tellement lente qu'il y a de nombreux signes qu'elle n'a pas parcourus récemment. Par exemple, elle s'est retrouvée en Bélier pour la dernière fois entre 1822 et 1853, et n'y retournera pas avant 2068. J'ai quand même listé l'ensemble des caractéristiques plutoniennes ci-dessous, en indiquant le dernier et le prochain passage de Pluton dans chaque signe.

Les descriptions ci-dessous sont un mélange entre les conséquences d'un transit de Pluton dans le signe mentionné et ce que vous pouvez vous attendre à retrouver chez les personnes nées quand Pluton se trouvait dans ce signe.

Pluton à travers les signes

Bélier (1822-1853 ; 2068-2098) - des personnes impétueuses et déterminées à avancer. Pleine puissance de feu. Ne craignent pas de changer leurs façons de faire.

Taureau (1853-1884 ; 2098-2132) - transformation du fonctionnement de l'économie mondiale. Changer lentement, mais sûrement.

Gémeaux (1884-1914 ; 2132-2159) - faire voler en éclats les vieilles façons de penser. Révolution. Idées. Communication.

Cancer (1914-1937) - transformation de l'idéal de l'unité familiale. Maison idéale, pays idéal, ethnie idéale. Émotions fortes.

Lion (1937-1956) - les « baby-boomers ». Puissants dirigeants. Transformation du plaisir et du divertissement. Une génération confiante.

Vierge (1956-1971) - évolution de l'idée du devoir et du service. Transformation de la médecine alternative.

Balance (1971-1982) - la génération X. Transformation des relations et de notre idée de l'art ; obsession de l'apparence.

Scorpion (1982-1995) - profondes transformations dans les domaines liés au sexe, à la mort et aux tabous en général. Génie génétique. Sombre.

Sagittaire (1746-1762 ; 1995-2008) - changements dans l'éducation des enfants. Les réseaux sociaux. Changements sur Internet. Spiritualité *versus* religion. La vérité compte plus que tout.

Capricorne (1762-1778 ; 2008-2024) - couper dans le gras des entreprises et les transformer. Affaiblissement des gouvernements.

Verseau (1778-1798 ; 2024-2044) - transformer notre appartenance aux réseaux et notre relation à la technologie. Les questions humanitaires.

Poissons (1798-1823 ; 2044-2068) - changements profonds de notre connexion au divin et dans nos capacités psychiques. Ouverture à de nouveaux canaux.

Pluton à travers les maisons

Les personnes dont la Pluton se trouve en...

Maison 1 - peuvent avoir l'air puissantes et passionnées, voire manipulatrices ou cherchant à tout contrôler.

Maison 2 - éprouvent une passion pour la fortune qui se matérialisera si Pluton est dans une bonne condition ; elles attachent de l'importance à la profondeur.

Maison 3 - sont de puissants communicants qui font tomber les barrières et mènent vers de nouvelles façons de penser ; des personnes magiques.

Maison 4 - ont une vie de famille parfois explosive. La famille transformera leur vie. Elles subissent des tensions internes.

Maison 5 - ont une vie amoureuse intense et des obsessions. Les enfants chambouleront leur vie. Elles possèdent un profond sens de la créativité.

Maison 6 - ont une vie quotidienne intense et un travail très prenant. Elles ont profondément besoin d'être utiles. Il s'agit parfois de guérisseurs.

Maison 7 - sont des amants passionnés qui devraient éviter de contrôler ou d'essayer de contrôler leur partenaire.

Maison 8 - aspirent à découvrir les royaumes plus sombres et profonds de la vie. Elles ont des relations sexuelles passionnées et des finances en dents de scie.

Maison 9 - sont à la recherche du savoir cosmique et souhaitent élargir leur horizon et la base de leur savoir. Elles ont parfois un côté métaphysique.

Maison 10 - désirent réussir/laisser une trace. Il peut s'agir de joueurs professionnels et puissants. Elles ont parfois un problème avec l'autorité.

Maison 11 - ont des amis parmi les puissants, forment des alliances cachées et développent des amitiés intenses. Il peut s'agir d'une personne qui manifeste sa vie avec puissance, ou d'un chef.

Maison 12 - ont besoin de passer du temps seules, font des rêves puissants et détruisent la peur. Ce sont des magiciens, leur vie est karmique.

Chapitre 14

L'amour, l'argent et autres secrets du thème

Maintenant que vous comprenez bien comment fonctionnent les différents éléments de votre thème astral - les signes, les planètes, les maisons, les aspects, etc. -, vous pouvez vous amuser avec. Nous nous y sommes pour l'instant intéressés en respectant un ordre relativement conventionnel, il est temps de les assembler pour explorer les sujets clés d'une lecture de thème.

L'argent

Souhaitez-vous en savoir plus sur votre rapport à l'argent (ou sur celui d'une tierce personne) ? Commencez par vous intéresser aux maisons 2 et 8, les « tirelires » du thème natal. La maison 2 vous en dira plus sur votre argent, vos propriétés et possessions, et la maison 8 sur vos finances communes et sur les domaines où votre argent est associé à celui de quelqu'un d'autre.

Regarder le signe sur les cuspides des maisons 2 et 8 vous en apprendra beaucoup. De quel élément s'agit-il ? D'un signe de feu prêt à foncer, d'un signe de terre tout ce qu'il y a de plus pragmatique, d'un signe d'air axé sur l'intellect, ou d'un signe d'eau proche de ses émotions ? Les signes de ces deux maisons seront très instructifs quant à votre vie financière.

Intéressez-vous ensuite aux planètes qui dirigent ces signes : par exemple, si votre maison 2 est en Scorpion, tournez-vous vers Pluton. Où est-elle, et dans quelle condition ? Qu'en déduisez-vous ? Peut-être cherchez-vous à contrôler votre argent ? Quoi d'autre ?

Jetez ensuite un œil aux planètes présentes en maisons 2 et 8. Dans quelle condition se trouvent-elles ? Quels liens, ou aspects, forment-elles avec les autres ? Si l'une d'entre elles entre par exemple en conflit (forme un carré, une opposition ou encore une conjonction) avec Saturne, elle pourrait engendrer une peur liée à l'argent – Saturne étant la planète de la peur et la maison 2 celle de l'argent. Mais ne vous arrêtez pas là dans votre interprétation : de quelle autre façon les restrictions liées à l'argent pourraient-elles se manifester chez vous ?

Apprenez tout ce que vous pouvez sur les maisons 2 et 8 ainsi que sur les planètes qui s'y trouvent et celles qui les dirigent. Ces maisons se trouvent-elles dans un signe de feu, confiant ? Ou encore dans un signe d'eau, plus émotif ? (Les signes de feu pourchassent l'argent, tandis que les signes d'eau l'« attirent ».)

N'oubliez pas Vénus lorsqu'il est question d'argent. Où est-elle ? Quels aspects forme-t-elle avec les autres planètes ? Pendant que vous y êtes, regardez aussi votre maison 10, maison de l'ambition. Êtes-vous (ou celui/celle dont vous consultez le thème) ambitieux ? Cela devrait entraîner une différence dans vos rentrées d'argent, ne croyez-vous pas ? Il en va de même pour la maison 6, où l'on s'acquitte de ses devoirs quotidiens.

Enfin, tournez-vous vers votre maison 3 (la zone de l'esprit) pour découvrir votre attitude envers la vie en général (certains états d'esprit sont plus lucratifs que d'autres !), ainsi que vers

Jupiter, planète de la générosité et de la chance. Plus vous serez généreux, et plus l'abondance circulera.

Enfin, notez que Mercure est la planète de l'argent dur et froid, et que Vénus détermine la profusion de luxe que vous autorisez dans votre vie. Regardez votre Mercure : dans quelle condition se trouve-t-elle ? Forme-t-elle des aspects harmonieux ou dissonants avec les autres planètes ? Elle aussi vous fournira des informations sur votre vie financière.

Exercice d'application

Regardez votre maison 10.

Quel signe se trouve sur sa cuspide, et quelle(s) planète(s) s'y trouve(nt) ? Comprenez-vous comment cela se traduit dans votre vie ? Refaites l'exercice avec le thème d'un de vos proches.

L'amour

Plusieurs endroits de votre thème vous donneront des indications sur l'amour en général dans votre vie. Commencez par la maison 2 pour en savoir plus sur votre amour-propre, susceptible de fortement influencer votre comportement dans toutes vos relations. L'ascendant, quant à lui, vous montrera l'image que vous renvoyez aux autres, indication supplémentaire de votre rapport à l'amour.

La maison 7 est encore plus importante : en effet, il s'agit de votre zone d'amour. Que s'y passe-t-il, quel signe se trouve sur la cuspide ? Déterminez comment la planète qui le dirige s'intègre à votre thème. Dans quelle condition se trouve-t-elle (quels aspects forme-t-elle avec les autres planètes) ? S'harmonise-t-elle avec une planète plus facile (le Soleil, la Lune,

Mercure ou Vénus) ou entre-t-elle en conflit avec une planète plus dure, telle que Mars ou Saturne ?

Qu'en est-il de votre Lune ? De quoi avez-vous besoin dans vos relations ? Et votre maison 5 ? Après tout, c'est la maison du flirt. Enfin, regardez Vénus : elle vous parle d'amour. Si vous êtes une femme, elle définit votre féminité et votre façon d'aimer ; si vous êtes un homme, elle désigne le genre de femmes dont vous pourriez tomber amoureux. Il s'agit également de la planète de l'abondance, elle vous expliquera par exemple comment l'atteindre.

Voici quelques exercices sur le thème de l'amour :

- Générez le thème de la Vénus et de la Mars de votre partenaire actuel, potentiel ou ex. Il vous révélera tout ce qu'il y a à savoir sur lui/elle dans les domaines de l'amour et du sexe. Voyez-vous à quel point il/elle ressemble à son portrait astrologique ?
- Jetez un œil au descendant (la ligne d'amour) de votre partenaire ou de votre ex. Il s'agit de la porte menant à sa vie amoureuse. Le signe de sa maison 7 vous en apprendra beaucoup sur sa façon d'aimer et sur le genre de personnes qu'il/elle aime.
- Regardez votre propre Mercure pour découvrir votre façon de communiquer (la communication étant essentielle à toute relation épanouie), votre Lune pour ce dont vous avez besoin, votre Vénus pour l'amour en général et votre Mars pour le sexe. Que voyez-vous ?

Guide rapide de compatibilité

La comptabilité des signes est régie par un principe de base : d'un côté, les signes de feu et d'air sont bien assortis, et de l'autre les signes de terre et d'eau font bon ménage. Toutefois, n'oubliez pas que vous êtes bien plus que votre signe solaire ! Par exemple, un Cancer avec Vénus et Mars en Gémeaux s'entendra mieux avec un Bélier ou un Verseau que ce à quoi on pourrait s'attendre en ne connaissant que son signe solaire.

Le tableau ci-dessous résume le degré d'entente entre les différents signes.

	Feu	Terre	Air	Eau
Feu	L'accord parfait !	Pas génial…	L'accord parfait !	Pas génial…
Terre	Pas génial…	L'accord parfait !	Pas génial…	L'accord parfait !
Air	L'accord parfait !	Pas génial…	L'accord parfait !	Pas génial…
Eau	Pas génial…	L'accord parfait !	Pas génial…	L'accord parfait !

La carrière professionnelle, la réussite et la renommée

La méthode n'est pas exactement celle employée pour s'intéresser à l'argent. Commencez par identifier le signe qui dirige la zone de votre carrière professionnelle, c'est-à-dire votre maison 10. Qu'est-ce qu'il vous apprend ? Et où se trouve votre Soleil : à son zénith, brillant de mille feux, ou tapi en maison 12, où il préfère rester seul et de préférence à l'abri du regard des autres ?

Et qu'en est-il de votre Lune ? Avez-vous soif de reconnaissance ? La Lune représentant le public en général, on dit que sa présence sur le Milieu du Ciel (MC) est signe de célébrité. Vous pouvez regarder Jupiter pour savoir s'il est probable que vous développiez une vie publique. Si elle occupe une place importante dans votre thème – par exemple en maison 1 –, il y a des chances que vous imposiez votre personnalité par monts et par vaux ! Mais ne négligez pas la sinistre Saturne, planète du travail, ou votre maison 10 : elles révéleront votre niveau d'implication au travail et influenceront votre capacité à vous débrouiller dans la vie et sur le plan matériel.

Exercice d'application

Regardez le signe de votre maison 10.

Que voyez-vous ? Un Capricorne ambitieux ? Une Balance en quête d'harmonie ? Des Gémeaux très communicatifs ? Le signe de votre maison 10 décrit la façon dont vous envisagez votre carrière. Où se trouve votre Mars ? À quel point êtes-vous déterminé à réussir ? Et qu'en est-il de Saturne, la planète du dur labeur ? Nous savons très bien que travailler dur mène à la réussite. Et Jupiter ? Comment la chance intervient-elle dans votre réussite ?

Les leçons de vie et la chance

Pour découvrir les leçons de vie et la chance que cache votre thème, regardez respectivement Saturne et Jupiter. L'emplacement de Saturne indique le domaine où vous avez le plus de leçons à apprendre. Quant à Jupiter, elle désigne celui où la chance vous accompagne. Si ces deux planètes forment un aspect harmonieux (une conjonction, un trigone ou un sextile), travailler dur peut vous conduire à une chance manifeste. Au contraire, si elles entrent en conflit (carré ou opposition), travailler dur peut être le prix à payer pour votre liberté.

Répétez-vous les mots-clés associés à Jupiter (drôle, optimiste, joyeux...) et à Saturne (dur, pénible, difficile...) et voyez ce que vous en tirez. L'emplacement de Jupiter dans votre horoscope correspond au domaine où vous êtes particulièrement chanceux, et celui de Saturne au domaine où de grands défis et leçons de vie vous attendent.

Exercice d'application

Regardez où se trouvent Jupiter et Saturne dans votre thème.

Voyez-vous que vous avez plus de facilités là où se trouve Jupiter et que vous tirez plus de leçons là où se trouve Saturne ?

Les voyages et l'aventure

Pour cela, tournez-vous vers votre maison 9 et Jupiter. Dans quel signe se trouve votre maison 9, et dans quel état se trouve la planète qui le dirige : quels aspects forme-t-elle avec les autres ? Harmonieux ou dissonants ? Qu'en est-il de la maison 3, aussi appelée la zone de l'esprit ? Êtes-vous ouvert d'esprit, prêt à partir à la découverte du monde ? Ce qui nous fait peur peut nous retenir : jetez un œil à l'emplacement de votre Saturne.

Exercice d'application

Regardez votre maison 9.

Avez-vous la maison 9 d'une personne passionnée d'aventure (dirigée par le Sagittaire ou abritant votre Soleil ou Jupiter) ?

L'image que vous renvoyez

Pour mieux comprendre comment les autres vous perçoivent, regardez votre ascendant (forme subtile de communication), votre maison 3 (la zone de la communication), et votre Mercure. Quelle(s) planète(s) se trouve(nt) en maison 3, ou la domine(nt), et dans quelle condition se trouve(nt)-elle(s) ? Mercure forme-t-elle des aspects harmonieux avec les autres planètes ou entre-t-elle en conflit avec Mars, Saturne ou toute autre planète externe ?

Si vous souhaitez un aperçu de votre niveau de compatibilité avec quelqu'un d'autre, vérifiez que vos Mercure sont bien assorties : se trouvent-elles dans des éléments complémentaires ? L'attraction physique est importante, mais il ne faut pas négliger votre connexion mentale ! Peut-être que votre Mercure s'harmonise avec la Vénus ou la Jupiter de votre partenaire, créant un sentiment positif entre vous lorsque vous communiquez.

Exercice d'application

Regardez votre ascendant, votre maison 3 et votre Mercure.

Voyez-vous comment tous trois expriment l'image que vous renvoyez et votre façon de communiquer avec les autres ?

La vie de famille

Vous pourrez l'observer grâce à votre maison 4 et à votre Lune. Quel signe domine votre maison 4, et dans quelle condition se trouve la planète dominante de ce signe ? (Forme-t-elle des aspects harmonieux ou dissonants avec les autres ?) Qu'en est-il des planètes situées en maison 4 ? Dans quelle condition se trouvent-elles ?

Exercice d'application

Regardez le signe de votre maison 4.

Tournez-vous ensuite vers la planète qui domine ce signe : où est-elle, et dans quelle condition ? Pouvez-vous voir en quoi cela décrit votre vie de famille ?

Les enfants

Pour ce sujet, consultez votre maison 5 (les petits-enfants sont en maison 10). Quel signe en domine la cuspide, et dans quelle condition se trouve la planète de ce signe – quels aspects forme-t-elle avec les autres planètes ? Harmonieux ou dissonants ? Qu'en est-il des planètes dans votre maison 5 ? Dans quelles conditions se trouvent-elles ?

Exercice d'application

Regardez les planètes situées dans votre maison 5.

Elles décrivent en partie ce qu'il y a à savoir sur vos enfants. Pour les petits-enfants, consultez la maison 10 (il s'agit en effet des enfants de vos enfants : la cinquième maison après la maison 5. Vous comprenez ?).

La santé

Pour découvrir les grandes lignes de ce que vous réserve votre santé, consultez votre maison 6, ainsi que Mars. Allez-vous, par exemple, vous mettre un jour à faire de l'exercice ? De toute évidence, une personne entretenant de bons rapports avec l'activité physique a plus de chances de se maintenir en bonne santé ! Pour la vitalité, tournez-vous vers votre Soleil.

S'harmonise-t-il avec Mars, par exemple, ou est-il oppressé par Saturne ?

Cette dernière se trouve-t-elle sur la cuspide de votre maison 6, dans votre maison 6 ou encore en conjonction avec Mars ? Une telle configuration pourrait bloquer votre flux d'énergies positives. Cependant, n'oubliez pas que Saturne adore la discipline, et peut donc vous aider à mettre en place une routine sportive ou un nouveau régime. Regardez aussi votre Lune – de quoi avez-vous besoin ? L'obtenez-vous ?

Exercice d'application

Utilisez Mars comme un indicateur de santé.

Où se trouve votre Mars, et dans quel signe ? Est-ce qu'elle forme des aspects harmonieux ou dissonants avec les autres planètes ? Vous en apprendrez beaucoup sur votre rapport à l'exercice physique !

Le sexe

Pour en savoir plus sur la vie sexuelle de quelqu'un (ou la vôtre), regardez ses maisons 5 et 8, mais aussi sa Mars. Intéressez-vous aux planètes qui dirigent ces deux maisons : dans quel signe et dans quelles conditions sont-elles ? Forment-elles des aspects harmonieux ou dissonants avec les autres planètes ? Vous en apprendrez ainsi beaucoup sur sa vie sexuelle et sur son rapport au sexe en général.

Exercice d'application

Regardez votre maison 8.

Dans quel signe se trouve-t-elle ? Qu'est-ce que cela révèle sur votre rapport au sexe et sur votre expérience ? Regardez aussi votre Mars – le signe et la maison où elle se trouve. Qu'en déduisez-vous ?

La créativité

La créativité relève de la maison 5. Jetez donc un œil au signe dans lequel elle se trouve et à toutes les planètes qu'elle abrite. Regardez également la planète qui dirige votre maison 5 (c'est-à-dire la planète qui dirige le signe sur sa cuspide). Vénus et Neptune ont aussi un côté très créatif : voyez ce qui se passe avec votre Vénus pour vous faire une idée de votre propre créativité.

Exercice d'application

Regardez votre maison 5.

Cette maison définit la façon dont vous aimez vous amuser et vous exprimer. Qu'y voyez-vous ? S'il n'y a pas de planètes en maison 5, quel signe se trouve sur sa cuspide et quelle planète dirige ce signe ? Qu'en concluez-vous ?

Les peurs

Tournez-vous vers Saturne et votre maison 12 : le signe où elle se trouve et la planète qui le dirige vous en apprendront beaucoup sur vos peurs (ou sur celles de la personne dont vous lisez le thème). Regardez aussi l'emplacement de Saturne dans votre horoscope : la maison où elle se trouve vous permettra d'identifier ce qui vous inquiète (et ce que vous en apprendrez, Saturne étant la planète des leçons de vie).

Exercice d'application

Trouvez votre Saturne.

L'emplacement de Saturne dans votre thème vous indiquera les peurs que vous devez surmonter. Dans quelle maison se trouve-t-elle et quels aspects forme-t-elle avec les autres planètes ? Vous en apprendrez ainsi beaucoup sur vos peurs. Il est temps de travailler dessus !

Se faire des amis

Comment fonctionnez-vous au sein d'un groupe ? Regardez le signe de votre maison 11, puis la planète qui le dirige. Quelle est sa condition, forme-t-elle des aspects harmonieux ou dissonants avec les autres planètes ? Avez-vous des planètes en maison 11 ? Que font-elles ? Forment-elles des aspects harmonieux ou dissonants avec les autres planètes ?

Exercice d'application

Regardez votre Mercure et votre Vénus.

Ces planètes vous montreront aussi quel ami vous faites – votre façon de communiquer et les personnes que vous aimez. Observez-les, identifiez leurs conditions et analysez comment cela se traduit dans votre vie.

Le but de la vie

Pour cela, vous avez besoin de vous intéresser aux nœuds lunaires karmiques. Le nœud sud indique ce avec quoi vous êtes né, et le nœud nord ce qui vous rendra heureux et épanoui, et qui n'attend plus que vous ! Pour en savoir plus sur les nœuds lunaires, reportez-vous au chapitre 11.

Chapitre 15

L'astrologie prédictive

Bien que le sujet principal de ce livre soit l'astrologie natale, l'astrologie prédictive constitue un domaine si merveilleux et amusant de l'astrologie que j'ai souhaité vous offrir un petit guide pour vous aider à formuler des prédictions. Voilà la raison de ce dernier chapitre.

Qu'est-ce qu'une prédiction ?

Comme vous le savez, les planètes tournent autour du Soleil, et votre thème astral constitue une carte du ciel au moment et à l'emplacement de votre naissance. Évidemment, les planètes ne se sont pas arrêtées de tourner : elles ont continué leur course autour du Soleil et se déplacent encore et toujours !

Dans le chapitre 8, nous avons parlé des degrés, le zodiaque étant divisé en sections de 30 degrés où sont réparties vos planètes. De la même manière, les planètes « en transit » (dans le ciel) se déplacent sur les degrés imaginaires du zodiaque.

Dans ce même chapitre, vous avez aussi appris que les planètes de votre thème astral forment des aspects (angles) les unes avec les autres lorsqu'elles se trouvent à 30, 90 ou 120 degrés d'écart (formant respectivement un sextile, un carré et un trigone).

Considérez maintenant l'idée que les planètes en transit peuvent former des aspects ou des angles avec les planètes de votre thème. Disons par exemple que Saturne en transit (Saturne dans le ciel présent) se trouve au 10e degré du Sagittaire, et que votre Soleil est situé sur le 10e degré du Verseau. Saturne en transit forme alors un sextile avec votre Soleil natal.

Nous voilà prêts à formuler des prédictions ! Nous savons que Saturne est une planète constructive qui nous aide à bâtir notre vie, notamment lorsqu'elle se trouve dans une condition positive - ce qui est le cas dans notre exemple où elle forme un aspect harmonieux (un sextile) avec votre Soleil, qui représente votre essence. Ce sextile entre Saturne en transit et votre Soleil natal vous informe que vous traversez une période durant laquelle vous pourrez grandir, gagner en maturité et faire tout ce qui relève du domaine de Saturne, en prenant par exemple des engagements ou en élaborant de véritables stratégies de vie.

Comprenez-vous ce que je viens de faire ? J'ai pris les informations liées aux planètes et aux signes, et je peux à présent y ajouter le contexte des maisons. Par exemple, si Saturne en transit se trouve dans votre maison 3, alors les questions liées à la maison 3 sont à l'ordre du jour. C'est donc le bon moment pour réfléchir et discuter (maison 3) sérieusement (Saturne) de ces problèmes.

Une remarque sur votre *cookbook* astrologique

J'ai rédigé les interprétations rassemblées dans le *cookbook* astrologique du chapitre 13 en pensant avant tout à leur utilisation dans le cadre d'une lecture de thème astral. Cependant, vous pouvez tout à fait généraliser la signification des planètes dans les signes et les maisons aux planètes en transit. Vous pouvez donc utiliser les informations de votre *cookbook* pour vous aider dans vos premières prédictions.

Si, par exemple, votre Soleil se trouve en maison 1, alors vous êtes né pour briller. Et quand le Soleil en transit est dans votre maison 1, c'est aussi le moment de briller… Vous comprenez ? Les planètes de votre thème et les planètes en transit - qui forment des angles les unes avec les autres - ont toutes une signification très similaire, voire identique. Mercure sera toujours la planète de la communication, dans votre thème ou dans le ciel/en transit, Vénus la planète de l'amour, Mars la planète de la détermination, etc.

Réaliser des prédictions avec une éphéméride

Pour commencer à faire des prédictions, vous avez besoin d'une éphéméride : un livre montrant la position des planètes à tout moment. Il en existe en ligne, et vous pouvez aussi acheter un logiciel fournissant les mêmes informations (j'ai une préférence pour *Solar Fire*). Vous trouverez une excellente éphéméride en ligne sur khaldea.com/ephemcenter.shtml.

Page suivante se trouve un exemple d'éphéméride. Si cela paraît compliqué de prime abord, vous n'aurez aucune difficulté à le lire une fois que vous comprendrez l'ensemble des nombres qui s'y trouvent.

La colonne la plus à gauche correspond aux jours de janvier 2016. En haut, vous trouverez les glyphes des planètes. La deuxième colonne affiche le temps sidéral - il s'agit du temps défini à partir du mouvement de la Terre par rapport aux étoiles plutôt que par rapport au Soleil.

Enfin, sous les glyphes planétaires, vous trouverez les degrés et les minutes où se situe chaque planète. En descendant dans chaque colonne, vous verrez des nombres, des nombres et encore des nombres, et, de temps en temps, un glyphe correspondant à un des signes du zodiaque, indiquant le moment où la planète change de signe. Prenez par exemple la colonne

KHALDEA Ephemeris				JANUARY 2016					Geocentric Longitudes - 0:00 GMT		
	☉	☽	☊	☿	♀	♂	♃	♄	♅	♆	♇
1	9♑58'56	26♏42'10	25♏36.1'	29♑16'58	2♐03'28	28♎33'23	23♍09'16	11♐08'33	16♈34'22	7♓32'44	15♑02'54
2	11 00 05	8♎31 52	25 32.9'	29 56'35	3 16'19	29 06'41	23 10'33	11 15'04	16 34'41	7 34'10	15 04'58
3	12 01 15	20 19 39	25 29.7'	0♒27'43	4 29'14	29 39'54	23 11'39	11 21'32	16 35'04	7 35'37	15 07'02
4	13 02 24	2♏11 05	25 26.5'	0 49'27	5 42'12	0♏13'03	23 12'34	11 27'58	16 35'30	7 37'05	15 09'07
5	14 03 34	14 11 24	25 23.4'	1 00'56	6 55'14	0 46'06	23 13'16	11 34'22	16 35'59	7 38'36	15 11'12
6	15 04 45	26 25 07	25 20.2'	1 01'26	8 08'19	1 19'04	23 13'48	11 40'43	16 36'31	7 40'08	15 13'16
7	16 05 55	8♐55 44	25 17.0'	0 50'22	9 21'27	1 51'56	23 14'07	11 47'02	16 37'06	7 41'41	15 15'21
8	17 07 06	21 45 23	25 13.8'	0 27'28	10 34'38	2 24'42	23 14'16	11 53'18	16 37'45	7 43'17	15 17'26
9	18 08 16	4♑54 33	25 10.7'	29♑52'46	11 47'52	2 57'23	23 14'12	11 59'32	16 38'26	7 44'53	15 19'31
10	19 09 26	18 22 05	25 07.5'	29 06'47	13 01'08	3 29'58	23 13'57	12 05'42	16 39'11	7 46'32	15 21'35
11	20 10 36	2♒05 20	25 04.3'	28 10'28	14 14'27	4 02'27	23 13'30	12 11'50	16 39'59	7 48'11	15 23'40
12	21 11 46	16 00 39	25 01.1'	27 05'16	15 27'49	4 34'49	23 12'51	12 17'55	16 40'50	7 49'52	15 25'44
13	22 12 56	0♓04 01	24 57.9'	25 53'06	16 41'12	5 07'05	23 12'01	12 23'57	16 41'43	7 51'35	15 27'48
14	23 14 04	14 11 45	24 54.8'	24 36'13	17 54'38	5 39'15	23 10'59	12 29'56	16 42'40	7 53'19	15 29'52
15	24 15 12	28 20 53	24 51.6'	23 17'05	19 08'06	6 11'18	23 09'45	12 35'51	16 43'40	7 55'04	15 31'56
16	25 16 20	12♈29 23	24 48.4'	21 58'13	20 21'35	6 43'14	23 08'20	12 41'44	16 44'43	7 56'50	15 33'59
17	26 17 26	26 35 54	24 45.2'	20 42'00	21 35'07	7 15'04	23 06'44	12 47'33	16 45'49	7 58'38	15 36'02
18	27 18 32	10♉39 30	24 42.1'	19 30'32	22 48'41	7 46'47	23 04'56	12 53'18	16 46'58	8 00'27	15 38'05
19	28 19 37	24 39 09	24 38.9'	18 25'35	24 02'16	8 18'23	23 02'56	12 59'01	16 48'09	8 02'18	15 40'07
20	29 20 42	8♊33 25	24 35.7'	17 28'25	25 15'54	8 49'52	23 00'46	13 04'40	16 49'24	8 04'10	15 42'10
21	0♒21 45	22 20 20	24 32.5'	16 39'57	26 29'33	9 21'14	22 58'24	13 10'16	16 50'42	8 06'03	15 44'11
22	1 22 48	5♋57 25	24 29.4'	16 00'39	27 43'14	9 52'29	22 55'51	13 15'48	16 52'03	8 07'57	15 46'13
23	2 23 49	19 22 05	24 26.2'	15 30'40	28 56'57	10 23'36	22 53'07	13 21'16	16 53'26	8 09'52	15 48'13
24	3 24 50	2♌32 04	24 23.0'	15 09'55	0♑10'41	10 54'37	22 50'12	13 26'41	16 54'53	8 11'48	15 50'14
25	4 25 51	15 25 49	24 19.8'	14 58'05	1 24'27	11 25'29	22 47'06	13 32'01	16 56'22	8 13'46	15 52'13
26	5 26 50	28 02 54	24 16.6'	14 54'44	2 38'15	11 56'14	22 43'49	13 37'19	16 57'54	8 15'44	15 54'13
27	6 27 49	10♍24 08	24 13.5'	14 59'21	3 52'04	12 26'51	22 40'21	13 42'32	16 59'28	8 17'44	15 56'11
28	7 28 47	22 31 33	24 10.3'	15 11'22	5 05'55	12 57'19	22 36'42	13 47'41	17 01'06	8 19'44	15 58'09
29	8 29 44	4♎28 17	24 07.1'	15 30'14	6 19'47	13 27'40	22 32'53	13 52'46	17 02'46	8 21'45	16 00'06
30	9 30 41	16 18 26	24 03.9'	15 55'22	7 33'41	13 57'52	22 28'54	13 57'47	17 04'29	8 23'48	16 02'03
31	10 31 37	28 06 41	24 00.8'	16 26'15	8 47'37	14 27'55	22 24'44	14 02'44	17 06'14	8 25'51	16 03'59

Schéma 22 : l'éphéméride

indiquant la position du Soleil (c'est-à-dire la colonne sous le glyphe du Soleil) : l'astre entrera en Verseau le 21 janvier.

Où sont les planètes en ce moment ?

Pour savoir où se trouvent les planètes en ce moment, rendez-vous sur mon site, en anglais, theastrologybook.com/freechart et téléchargez un thème en entrant la date du jour et le lieu où vous vous trouvez. Votre thème ressemblera à celui que j'ai créé aujourd'hui, au moment où j'écris ce livre :

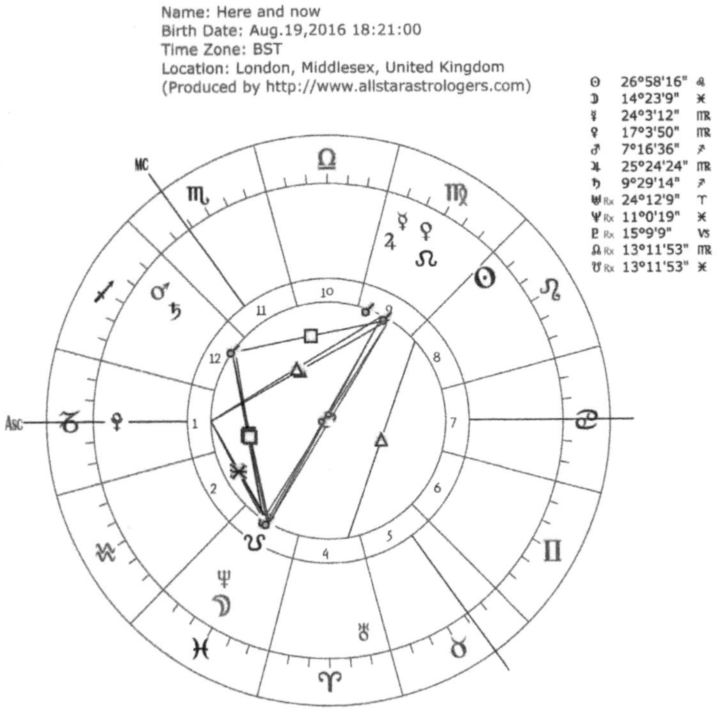

Schéma 23 : le thème de l'instant et du lieu présents

Dans mon thème de l'instant et du lieu présents, le Soleil se trouve en Lion, la Lune en Poissons, Mercure en Vierge, etc. Vous pouvez voir tout cela dans le thème, ainsi que dans la liste en haut à droite.

Intéressons-nous à présent au thème d'une femme née à 8 h 30 le 21 mars 1966 à Londres :

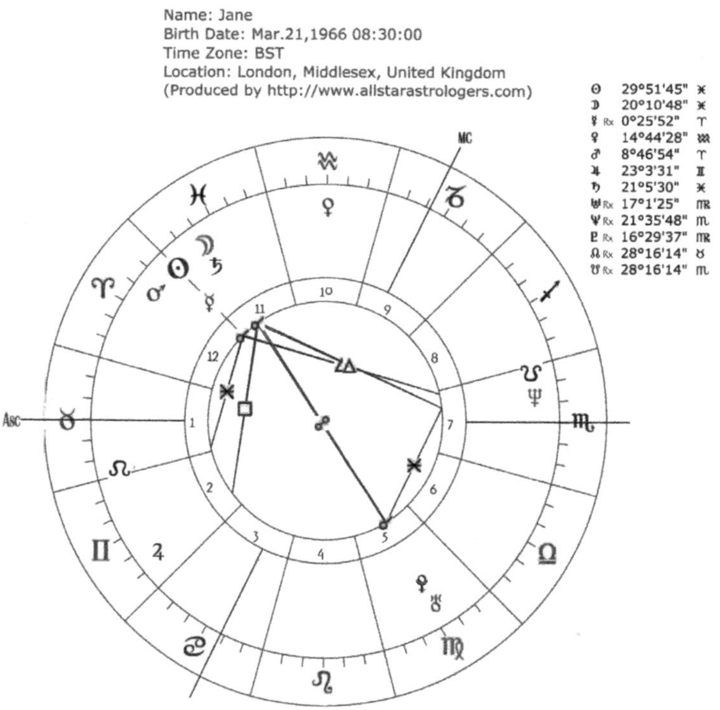

Schéma 24 : exemple de thème natal

Ainsi, en reportant les planètes en transit (là où elles se trouvent en ce moment) sur son thème astral, nous constatons, entre autres, que le Soleil en transit se trouve dans sa maison 4. J'en déduis qu'en ce moment, son attention se porte sur le fait d'être chez elle et en famille. Cette femme étant une amie à moi, je sais qu'elle est actuellement en vacances (ce dont témoignent les nombreuses planètes en transit dans sa maison 5), avec son mari et ses deux enfants, ce qui confirme l'accent mis sur la famille.

Exercice d'application

Regardez où se trouvent les planètes en transit.

En utilisant le thème du lieu et de l'instant présent que vous venez de télécharger, et qui montre où se trouvent les planètes en ce moment (ou une éphéméride), déterminez où se trouve chacune d'elles. Ensuite, reportez leur emplacement sur votre thème en les dessinant pour faire une comparaison.

Qu'est-ce que tout cela signifie ?

Une fois que vous avez placé toutes les planètes en transit sur votre thème, regardez dans quelles maisons elles se trouvent. Par exemple, où se trouve Vénus ? Disons que Vénus en transit est dans votre maison 8, qu'est-ce que cela pourrait signifier ? Regardez les informations sur Vénus (page 54) et sur la maison 8 (page 25). Même si les interprétations rassemblées dans ce livre sont principalement destinées à vous aider à décoder votre thème, elles vous donneront quand même une idée de ce que Vénus en transit dans votre maison 8 implique dans votre vie.

Lorsque vous essayez de décoder les transits, ayez en tête les informations suivantes :

- Le Soleil parcourt toutes vos maisons en un an. À la manière d'un projecteur, il met en lumière la partie du thème où il se trouve. Ainsi, quand il est dans votre maison 4, le moment est venu de vous concentrer sur votre famille ; quand il est dans votre maison 7, il est temps de vous concentrer sur votre vie amoureuse, etc.

- La Lune désigne ce dont vous avez besoin sur le plan émotionnel.
- Mercure montre ce que vous avez en tête.
- Vénus désigne la personne et les choses que vous aimez.
- Mars montre les domaines où vous êtes motivé.
- Jupiter indique les domaines où vous avez de la chance.
- Saturne se trouve là où vous avez des leçons à donner.
- Uranus se trouve là où les choses évoluent.
- Neptune détermine les domaines où vous êtes inspiré ou perdu.
- Pluton indique les domaines où une transformation profonde et durable est possible, et où vous avez besoin de faire le ménage.

Gardez ces idées en tête lorsque vous comparez l'emplacement des planètes en transit avec votre thème.

L'étape suivante

Regardez ensuite quels aspects les planètes en transit forment avec vos planètes natales. Saturne forme-t-elle par exemple un carré avec votre Soleil ? Ou Pluton un trigone avec votre Vénus ? En vous servant des mots-clés de ce livre, essayez de les interpréter. Voici un exemple :

- Saturne (leçons) complique les choses (carré) en ce qui concerne votre ego/qui vous êtes (Soleil).

- De puissantes influences (Pluton) vous apportent leur soutien (trigone) dans les domaines de l'amour et de l'abondance (Vénus).

Ajoutez ensuite la couche des maisons. Voici un exemple :

- Pluton transite dans votre maison 10 (vie professionnelle) ? Il est possible que ce qui vous arrive ait à voir avec les thèmes actuellement liés à votre carrière.

- Vénus se trouve dans votre maison 4 ? Alors le bonheur qui vous attend se manifestera probablement en lien avec les domaines de la maison 4 - le foyer et la famille.

Une des informations les plus importantes à relever dans le thème de mon amie est que Pluton en transit forme un trigone avec son ascendant (les planètes en transit peuvent former des aspects avec les planètes et les angles du thème natal). Autrement dit, c'est le moment pour elle de révolutionner la façon dont le monde la voit. Je ne sais pas comment elle a l'intention de procéder, mais d'ici quelques mois, j'apprendrai sans doute qu'elle a modifié son image d'une façon ou d'une autre, peut-être à travers un changement radical dans son apparence. Elle pourrait aussi se réinventer à travers son travail, ou d'une tout autre manière.

Si je lui lisais son thème, je prédirais que la façon dont les autres la voient ou l'image qu'elle offre au monde s'apprête à connaître d'importants changements : Pluton transforme, les trigones sont harmonieux et l'ascendant désigne la façon dont le monde nous voit ou le masque que l'on porte en public. On peut donc s'attendre à une transformation positive, reflet de tous ces indicateurs.

Ne vous inquiétez pas si tout ne vous saute pas aux yeux dès votre première lecture ! Une fois que vous aurez bien assimilé les mots-clés astrologiques, vous décrypterez beaucoup plus facilement les thèmes que vous aurez sous les yeux. Pour les anglophones, je vous recommande vivement le livre de Robert Hand *Planets in Tansit*, véritable bible pour tout étudiant en astrologie. M. Hand est mon idole astrologique, mais je préfère vous prévenir : certaines personnes trouvent ses interprétations parfois... intenses !

Il vous suffit d'être capable de placer les planètes en transit dans votre thème : consultez ensuite les interprétations contenues dans son livre. Quand vous les aurez lues et relues suffisamment, elles vous viendront automatiquement ! Vous pouvez aussi découvrir (gratuitement) où se trouvent les planètes dans votre horoscope en ce moment sur theastrologybook.com/transits. Il s'agit d'un logiciel tout simple permettant uniquement de voir si les planètes en transit s'harmonisent ou entrent en conflit avec les points de votre thème astral, mais il vous mettra le pied à l'étrier.

Réaliser des prédictions à partir des cycles planétaires

Ma deuxième méthode de prédictions préférée consiste à utiliser la nouvelle lune et la pleine lune du mois à mesure que le luminaire parcourt le thème. Vous saurez tout sur la façon dont je procède dans mon livre *La Lunologie*, où je rassemble une foule d'informations sur les effets magiques de la Lune en transit. Voici en quelques mots comment procéder.

Trouvez dans quel signe a lieu la nouvelle lune. Ce n'est pas difficile – rendez-vous par exemple sur mon site (moonology.com) ou sur ma page Facebook : facebook.com/yasminboland. Vous le trouverez aussi sur les sites et pages Facebook d'autres astrologues.

Une fois que vous savez dans quel signe a lieu la nouvelle lune, vérifiez à quelle maison de votre thème il correspond. L'emplacement de la nouvelle lune dans votre horoscope indique que vous connaîtrez un nouveau commencement d'ici un mois (ou six dans le cas d'une éclipse de nouvelle lune). L'emplacement de la pleine lune désigne les domaines où vous vous apprêtez à atteindre une espèce de relâchement, où vous devez arrêter de vous accrocher à quelqu'un ou à quelque chose.

Reprenez le thème de mon amie : quelle partie de son horoscope la nouvelle lune en Scorpion active-t-elle ? Chez elle, le Scorpion dirige la maison 7, cette nouvelle lune lui insufflera donc une énergie nouvelle en lien avec son partenaire, n'importe quel ex avec qui elle est toujours en contact et sa vie amoureuse en général. La maison 7 étant également la maison des ennemis, cette nouvelle lune pourrait aussi lui offrir un nouveau départ avec une personne qu'elle considère plus comme un ennemi qu'un ami.

Et quelle est l'influence de la pleine lune en Bélier sur son thème ? Si vous le regardez, vous verrez que le Bélier dirige la maison 12. Une pleine lune en Bélier lui permettra donc de trouver une sorte d'équilibre (la pleine lune exige toujours de l'équilibre) entre sa maison 6 (le travail quotidien) et sa maison 12 (la vie spirituelle). Pour elle, il s'agit du bon moment pour s'assurer qu'elle équilibre son train-train quotidien avec des temps de détente. Il est possible qu'elle se focalise (Soleil) sur sa routine et ses devoirs quotidiens (maison 6), alors qu'elle a besoin de prendre du temps pour elle (maison 12), pour se retirer, se réfugier et rêver (maison 12).

Conclusion

Comme vous le comprenez à présent, l'astrologie est un système très complexe, et sachez que vous avez encore beaucoup à apprendre avant de devenir un astrologue confirmé ! Il existe – littéralement – des milliers d'années d'enseignements à assimiler : l'astrologie antique, égyptienne, hermétique, de la Renaissance...

Vous pouvez aussi apprendre des techniques telles que l'astrologie vibratoire, qui s'appuie sur ce qu'on appelle les harmoniques, des méthodes de prédiction comme le firdaria et les profections, ou encore des techniques telles que le retour solaire (votre thème est établi au moment de votre anniversaire, quand le Soleil retrouve le même degré à la même minute que le jour de votre naissance) et tant d'autres encore. Vous disposez à présent de bases assez solides sur le sujet pour vous lancer.

Et maintenant, relisez ce livre. Je ne plaisante pas ! Il y a tellement d'informations à assimiler qu'il vous faudra le lire encore et encore, en consultant en même temps votre thème astral et ceux de vos proches. Moi-même, j'apprends tous les jours quelque chose de nouveau sur l'astrologie, et je reprends systématiquement les horoscopes que j'ai déjà vus des dizaines de fois pour leur appliquer de nouvelles idées.

En outre, si vous avez omis certains passages pendant votre lecture, passant par exemple directement au *cookbook* astrologique, je vous recommande vivement de tout reprendre depuis le début et de relire encore et encore, chaque fois que vous ne comprendrez pas quelque chose !

L'astrologie est composée de plusieurs couches : vous devez parfaitement saisir un concept avant de pouvoir passer au suivant. Faites donc preuve de patience envers vous-même et envers le sujet ! N'oubliez pas non plus qu'en astrologie, les mots-clés sont capitaux ! Apprenez-les, ainsi que les idées principales associées aux planètes, aux signes, aux maisons et aux aspects. Avec toutes ces cordes à votre arc, vous avancerez de plus en plus dans votre maîtrise de l'astrologie. Vous pourrez alors vous décider à participer à un atelier - ils sont de plus en plus nombreux -, à assister à une conférence, à suivre une formation diplômante ou encore à travailler avec un ou plusieurs mentors.

Je vous conseille également de vous inscrire à des conférences astrologiques, quelles qu'elles soient (il y en a dans le monde entier) et de vous faire un maximum d'amis partageant votre intérêt afin d'échanger des informations et des idées (avec Internet, il n'est pas difficile de trouver d'autres astrologues !). Néophytes ou experts, tous vous apporteront beaucoup, chacun à leur manière.

Comme mon premier professeur me l'a dit un jour, « tu sauras rapidement s'il s'agit d'une lubie ou d'une passion pour la vie ». Je crois qu'en ce qui me concerne, mon histoire avec l'astrologie remonte à plusieurs vies... Et si c'était aussi votre cas ?

Encore une dernière chose : utilisez tout ce que vous découvrirez grâce à l'astrologie à bon escient ! Il s'agit d'informations puissantes, servez-vous-en uniquement pour faire le bien autour de vous, pour aider les autres à grandir, à se sentir mieux dans leur peau. Aidez-les à comprendre les défis qu'ils rencontrent, sans oublier de leur signaler leurs qualités et leurs atouts.

Si vous vous estimez un jour prêt à proposer des lectures, payantes ou non, gardez en tête que vous aurez alors une lourde responsabilité, à la fois envers ceux dont vous lirez le thème et envers l'astrologie elle-même. L'astrologie est un outil de développement personnel et d'émancipation. Utilisez-la pour vous connaître et aider les autres à mieux se connaître.

Si vous travaillez avec les prédictions, ne faites jamais peur à personne. Si vous apercevez un obstacle important menacer à l'horizon, expliquez-le de la façon la plus positive possible. Rappelez à votre auditeur que les difficultés représentent une occasion d'évoluer et de grandir. Aidez-le à comprendre ce que traverse son âme. N'oubliez pas que nous incarnons notre thème pour une raison : pour que notre âme puisse tirer les leçons de cette vie, toutes inscrites dans notre thème astral, pour ensuite s'élever, toujours plus haut. Utilisez l'astrologie pour vous aider, vous et les autres, à vous/se sentir bien. Il s'agit d'un outil puissant, usez-en avec sagesse pour guérir, prévoir, enseigner, adoucir, expliquer et assister.

Je vous souhaite le meilleur dans votre voyage astrologique !

Restons en contact !

Je serais ravie d'avoir de vos nouvelles et de répondre à vos éventuelles questions sur ce livre, ou de vous aider si vous rencontrez des difficultés avec l'un des exercices. Voici comment me contacter :

- *Via* mon site Internet : moonology.com
- Sur mes pages Facebook : facebook.com/yasminboland . facebook.com/yasminbolandsmoonology
- Sur Twitter : @yasminboland
- Sur Instagram : @moonologydotcom

Décoder le thème de Louise Hay

Parcourez cette section après avoir lu le reste du livre !

Page 10, je vous ai présenté le thème natal de Louise Hay, fondatrice de la maison d'édition Hay House, qui publie mes ouvrages dans le monde anglophone. Consultez-le à nouveau, et voyez si les informations ci-dessous correspondent à vos observations. Si vous y arrivez, donnez-vous une bonne tape dans le dos pour vous féliciter !

- Soleil en Balance en maison 3
- Lune en Scorpion en maison 4
- Ascendant en Lion
- Mercure en Balance en maison 3
- Vénus en Balance en maison 3
- Mars en Taureau en maison 10
- Jupiter en Verseau en maison 7
- Saturne en Scorpion en maison 4
- Uranus en Poissons en maison 8
- Neptune en Lion en maison 1
- Pluton en Cancer en maison 12

Dans le thème de Louise Hay, les trois aspects les plus proches sont les suivants :

1. Mercure conjoint le FC
2. Mars en maison 10 forme un carré avec Jupiter en maison 7
3. Le Soleil en maison 3 forme un carré avec Pluton en maison 12

Glossaire

Bien sûr, vous avez déjà découvert de nombreux concepts et termes durant votre lecture. Vous venez d'apprendre une toute nouvelle façon de regarder votre vie ! J'espère que vous vous sentez à présent à l'aise avec ces nouveaux moyens d'expression. Voici un aperçu d'autres termes astrologiques que vous rencontrerez peut-être durant votre apprentissage, et dont vous pourriez vouloir connaître le sens.

La mythologie classique en astrologie

Si vous décidez d'aller plus loin dans votre apprentissage, vous serez sans doute intéressé de savoir que l'astrologie s'inspire beaucoup de la mythologie grecque et romaine. Certains noms de planètes correspondent notamment aux dieux et déesses classiques, comme Jupiter et Vénus. En savoir le plus possible sur les références grecques et romaines en astrologie vous sera très utile. Il existe toutefois d'innombrables façons d'étudier l'astrologie, que ce soit *via* les mythes, les enseignements de Carl Gustav Jung ou l'astrologie politique... C'est à vous de choisir votre chemin ! Je vous recommande tout de même de vous intéresser un peu aux mythes. Le livre de Liz Greene *Voyage au cœur des mythes* constitue un excellent point de départ.

La distance qui sépare les planètes

Une information importante à retenir lorsqu'on démarre son apprentissage astrologique est que certaines des planètes les plus rapides du Système solaire ne peuvent jamais s'éloigner les unes des autres à plus d'une certaine distance. Si cela relève plutôt de l'astronomie, en astrologie cette donnée vous permet de vous faire une meilleure idée d'une personne. Le Soleil et Mercure ne peuvent par exemple jamais s'éloigner à plus de 28 degrés, et le Soleil et Vénus à plus de 48 degrés.

L'astrologie horaire

Il s'agit d'une forme d'astrologie de plus en plus populaire, qui consiste à générer un thème au moment où vous posez une question. Par exemple, « est-ce que la vente de ma maison va aboutir ? ». Vous analysez ensuite le thème en utilisant la plupart des principes de base de l'astrologie natale. C'est un objet d'étude amusant qui peut se révéler très précis, mais personnellement, je préfère les tarots et les oracles.

Les maisons et signes interceptés

Personnellement, j'utilise le système des signes entiers, et donc pas celui des maisons ou des signes interceptés. En bref, lorsque vous vous servez d'un autre système de domification (comme le Placidus ou le Koch), une maison fait parfois plus de 30 degrés, abritant ainsi plusieurs signes. Imaginez qu'un signe se trouve au début de la maison 4, suivi d'un autre signe, puis que la maison 4 se termine sur le début d'un autre signe. On commence donc, par exemple, avec quelques degrés en Balance, suivi de 30 degrés en Scorpion et enfin de quelques degrés en Sagittaire.

Les astrologues ne s'accordent pas sur la signification exacte d'une maison ou d'un signe intercepté. Une théorie prétend que comme le Scorpion (dans notre exemple) ne domine pas de cuspide, alors on sera un peu moins Scorpion que la moyenne. Ou encore que l'on a besoin d'ajouter davantage d'énergie Scorpion à notre vie, et qu'il nous faut pour cela travailler avec Mars ou le Scorpion. On dit aussi que l'emplacement d'une maison ou d'un signe intercepté dans un thème désigne les domaines où nous devrions être particulièrement vigilants, car il s'agirait d'un endroit un peu « spécial ».

Le mi-point

Un mi-point est un point situé entre deux planètes. Ils sont intéressants dans les scénarios suivants : une de vos planètes se trouve sur un mi-point entre deux autres de vos planètes ; une autre personne a une de ses planètes sur un de vos mi-points ; un événement céleste (par exemple une nouvelle lune, une éclipse ou une planète en transit) se déroule sur un de vos mi-points. En bref, les énergies combinées des planètes activantes et activées sont mises à l'honneur. Certains astrologues sont passionnés par l'implication des mi-points, d'autres non. Si vous souhaitez en savoir plus, vous devriez lire *Combinaison des influences astrales* de Reinhold Ebertin.

La réception mutuelle

On parle de réception mutuelle quand une planète se trouve dans le signe d'une autre et inversement. Par exemple, si Mars est en Taureau et Vénus en Bélier.

Les retours

Pendant votre apprentissage de l'astrologie, vous entendrez sans doute parler du retour de Saturne ou d'autres planètes. Cette notion désigne le moment où une planète retrouve l'emplacement qu'elle occupait le jour de votre naissance. Si, par exemple, vous êtes né avec Saturne sur le 18e degré du Verseau, environ 29-30 ans après votre naissance, Saturne aura parcouru tous les signes (et toutes les maisons de votre thème) et vous aura testé de vingt-quatre façons différentes (douze signes et douze maisons – Saturne est la planète des tests). Elle reviendra alors là où elle se trouvait le jour de votre naissance.

Vous risquez de vous sentir d'autant plus mis à l'épreuve durant les semaines précédant son retour au 18e degré du Verseau. Toutefois, vous avez connu des tests dans toutes les parties de votre vie : vous voilà devenu un véritable adulte astrologique. De plus, à la suite de ces multiples mises à l'épreuve, vous avez une bonne idée de qui vous êtes, de votre degré de résistance, de ce que vous êtes capable de supporter et de surmonter, en en tirant peut-être même des enseignements. Vous savez si vous êtes résilient ou pas. Quand Saturne revient sur le 18e degré du Verseau, vous pouvez faire le constat de ce qui demeure dans votre vie : c'est souvent une période où l'on se détache davantage de ses parents, Saturne étant la planète de la maturité. Si je puis me permettre, je vous recommanderais notamment de ne pas vous marier avant votre premier retour de Saturne.

Les stelliums

Un stellium est un amas de quatre, cinq planètes (ou plus) dans un seul signe, ce qui arrive plus souvent qu'on pourrait le croire. Un stellium a pour conséquence une focalisation de l'individu sur ce que le signe désigne. Si vous avez beaucoup de planètes en Bélier – par exemple, vos Soleil, Lune, Mercure et Vénus –, alors vous êtes « très Bélier », et ces planètes forment un stellium. Pour une bonne introduction sur le sujet, consultez l'ebook – en anglais – de Donna Cunningham *The Stellium Handbook* (skywriter.wordpress.com).

La synastrie

Si vous poursuivez votre apprentissage de l'astrologie, vous rencontrerez certainement ce terme. C'est le terme qu'emploient les astrologues pour désigner l'étude de la compatibilité astrologique. « Quel genre de synastrie avez-vous ? » signifie « vos planètes sont-elles compatibles avec les siennes ? ».

Quand vous faites de la synastrie, ou compatibilité – ou que vous regardez la façon dont les planètes vous affectent sur le moment présent –, vous utilisez les degrés. Ainsi, dans un thème de compatibilité, en comparant par exemple votre thème avec celui de quelqu'un d'autre, vous regarderiez si vos planètes sont conjointes ou forment des trigones, sextiles, carrés ou oppositions. Une conjonction, un trigone ou un sextile entre votre Vénus et sa Mars (ou toute autre planète) se révélera bien plus agréable que si sa Vénus, sa Mars ou quoi que ce soit d'autre forme un carré avec un point de votre thème. Vous devez pour cela maîtriser les aspects (chapitre 8).

Le tableau des dignités

Il s'agit d'un document très compliqué qui dépasse de loin les bases de l'astrologie. Cependant, tout apprenti astrologue se doit d'avoir un tableau des dignités à portée de main, j'ai donc inclus une petite explication ci-dessous. Vous pouvez aussi vous rendre sur mon site theastrologybook.com/dignities pour une représentation visuelle, et en anglais, du tableau.

En bref, le tableau des dignités est un guide qui permet de savoir quelle planète dirige quelle partie d'un signe, une fois qu'il est découpé en « décans ». Le tableau des dignités montre les planètes qui s'épanouissent dans un signe, et celles qui ne sont pas ravies d'être là. Personnellement, je ne suis pas une grande fan du tableau des dignités, mais de nombreuses personnes le tiennent en haute estime : vous vous ferez votre propre idée plus tard. Notez qu'il ne tient pas compte des planètes modernes, puisqu'il est antérieur à leur découverte. Voici comment décoder le tableau des dignités.

La colonne 1 contient les signes du zodiaque.

La colonne 2 indique quelle planète dirige quel signe, et à quel moment (D et N = jour [day] et nuit [night]). Par exemple, Mars dirige le Bélier le jour et le Scorpion la nuit (pour appliquer cette notion à votre thème, vous devez savoir si vous êtes né le jour ou la nuit). Vénus dirige le Taureau, Mercure les Gémeaux, etc. Dans ce signe, la planète est chez elle - à « domicile » - et se sent à l'aise.

La colonne 3 désigne le signe où la planète est « en exaltation », c'est-à-dire où elle se sent le mieux, agit au mieux et réalise tout son potentiel. Sur la première ligne, par exemple, vous verrez que le Soleil se trouve en exaltation en Lion. Juste en dessous, la Lune est en exaltation en Taureau. Chaque planète n'est en exaltation que dans un seul signe. Quand elle s'y trouve, elle est reçue comme un invité d'honneur. Le numéro montre le degré exact où a lieu l'exaltation. Quand la planète s'y trouve, elle est particulièrement puissante*.

La colonne 4 montre la triplicité des planètes : en d'autres termes, la domination planétaire des triplicités. Ainsi, le jour, le Soleil domine par exemple la triplicité des signes de feu. La nuit, c'est Jupiter. Quand une planète se trouve dans sa triplicité, elle se sent bien. Le signe de la triplicité d'une planète lui offre un environnement familier et détendu où elle fonctionne bien.

La colonne 5 contient les termes des planètes. Les termes sont des sous-sections ou sous-dominations dans les signes. La nature d'une planète dans un signe est altérée par la planète dans le terme de laquelle elle se trouve. Comme vous pouvez le voir dans la première ligne des termes du tableau, Jupiter dirige le Bélier en 0,0 et 5,59 degrés, Vénus entre 6 et 13,59 degrés, etc. Jupiter dirige aussi le 14e degré du Cancer. Quand une planète est dans son terme, elle s'en trouve légèrement renforcée*.

La colonne 6 signale les degrés où la domination par faces, aussi appelées les décans, se transfère. Les faces constituent une autre façon de diviser les signes. La plupart des astrologues négligent les faces, et ce depuis des centaines d'années, et pourtant elles persistent à apparaître dans les tableaux de dignités ! Quand une planète est dans son décan préféré, elle s'en trouve légèrement renforcée* sans être totalement à l'aise.

La colonne 7 désigne les signes où les planètes se trouvent dans ce qu'on appelle leur « détriment ». En d'autres termes, la planète ne s'y sent pas bien. Je ne la prends jamais vraiment en considération, car j'estime qu'aucune planète ne peut être vraiment en danger dans quelque signe que ce soit. Il y a toujours du positif, même si nombre d'astrologues modernes ne sont pas d'accord avec moi ! Les astrologues de l'Antiquité utilisaient les détriments, c'est donc un concept qui vaut la peine d'être connu.

Le détriment d'une planète correspond toujours au signe situé à l'opposé de celui qu'elle domine. Par exemple, sur la première ligne, Mars domine le Bélier. Le signe opposé au Bélier est la Balance, et la planète associée à la Balance est Vénus. Quand une planète est dans son détriment, elle est en position désavantageuse et a besoin de jouer selon les règles : elle est vulnérable.

La colonne 8 indique les signes où l'expérience de la planète chute. À l'instar du détriment, ce n'est pas une bonne nouvelle et, encore une fois, c'est une donnée que je n'utilise pas, car je ne l'ai jamais trouvée très fiable, sans compter qu'elle est indéniablement négative. Toutefois, pour votre information, le signe de chute est situé à l'opposé du signe d'exaltation de la planète. Quand une planète est en chute, elle a du mal à s'exprimer correctement.

* *Une remarque sur la force et la faiblesse planétaire :* plus une planète est forte et plus vous avez de chance d'en ressentir l'influence. Quand deux planètes forment un aspect, la plus forte aura davantage de contrôle sur le résultat. Par exemple, si la Lune et Saturne forment un trigone, elles iront bien ensemble, mais si la Lune est plus forte, cette bonne entente aura lieu à un niveau plutôt émotionnel (la Lune).

Questions fréquentes

Permettez-moi à présent de répondre à certaines questions que vous vous êtes peut-être posées pendant votre lecture :

Est-ce que je peux trouver le but de ma vie dans mon thème ?

Oui ! Dans votre nœud nord, plus précisément dans le signe et la maison où il se trouve. Lisez la section consacrée aux nœuds lunaires, pages 181-185.

Mes vies antérieures apparaissent-elles dans mon thème ?

Oui : dans Saturne et dans le nœud sud. Si votre nœud sud forme une conjonction avec la Saturne de quelqu'un d'autre, ou inversement, on dit qu'il s'agit d'un lien incassable qui s'étend au-delà du temps et des vies antérieures. N'importe quelle connexion puissante avec Saturne (notamment les conjonctions) donne des indices sur nos vies antérieures. Lisez les paragraphes consacrés à Saturne, pages 60-62 et 217.

Mon signe ne s'harmonise pas avec celui de mon amant/partenaire.

Ne vous inquiétez pas. Regardez plus précisément les connexions formées par votre Lune, votre Vénus, Mars et Jupiter.

Comme vous le savez à présent, un thème contient bien plus que le signe solaire !

Il y a quelque chose dans mon thème qui me fait peur.
Si vous avez des inquiétudes liées à ce que vous avez découvert dans votre thème natal, consultez un astrologue près de chez vous ou envoyez-moi un message *via* mon site, moonology.com. Vous n'avez rien à craindre !

Les jumeaux ont-ils le même thème ?
Comme nous le savons, certains jumeaux se ressemblent beaucoup, et d'autres non. Généralement, vous verrez que s'ils sont nés à quelques minutes d'intervalle, des jumeaux auront le même ascendant (et donc la même disposition de planètes et de maisons) et se ressembleront beaucoup plus que ceux qui sont nés avec un intervalle suffisant pour que l'ascendant se soit déplacé. Comme vous le savez, avoir toutes ses planètes disposées dans différentes maisons influence grandement la façon dont elles s'expriment.

Devrais-je choisir l'heure de naissance de mon bébé ?
Personnellement, je ne le ferais pas, mais est-ce vraiment important, sachant que nous sommes tous nés pile au bon moment pour remplir les besoins de notre âme ? Si vous choisissez l'heure, ce sera la bonne heure. Je peux simplement vous souhaiter bonne chance pour y arriver ! J'ai parfois essayé de choisir des dates pour différentes occasions, et je peux vous dire qu'il est très difficile de trouver « le thème parfait ».

Quel est le meilleur moment pour se marier ?
Le moment où vous en avez envie ! Il en va de même pour le choix de la date de votre mariage. J'ai testé peut-être cent heures et dates différentes pour mon propre mariage, et

aucune ne m'a paru être LA bonne. J'ai donc fermé les yeux et demandé à la Mère divine de choisir à ma place, et une heure et une date ont surgi dans ma tête. J'ai brièvement consulté le thème de ce moment-là, et j'ai vu que Vénus se trouverait sur le MC, et je m'en suis contentée. C'était bien mieux !

L'astrologie peut-elle prédire la mort de quelqu'un ?
Autrefois, nombre d'astrologues prétendaient pouvoir prédire leur propre mort. Peut-être que certains y sont arrivés, mais pour la plupart, non. Personnellement, je tends trop du « côté de la lumière » pour avoir envie de me plonger dans une question aussi lugubre, et, honnêtement, je me méfierais de tout astrologue qui vous le proposerait. Quel est l'intérêt ? Il y a des choses qu'il vaut mieux ne pas savoir.

Qu'est-ce qu'un thème naturel ?
C'est un thème qui n'a été généré pour personne ni à aucun moment en particulier. Il peut servir de référence facile et rapide pour consulter l'ordre des signes, leurs quadruplicités et triplicités, et pour savoir à quel signe chaque maison est naturellement associée. Rendez-vous sur theastrologybook.com/naturalchart pour télécharger un thème naturel auquel vous référer.

Et si une de mes maisons ne contient aucune planète ?
Vous vous demandez peut-être si le fait de n'avoir aucune planète dans une maison signifie qu'il ne se passera rien dans cette partie de votre vie : la réponse est non. Les maisons abritant de nombreuses planètes sont certes mises en avant, cependant, intéressez-vous aux planètes qui dirigent vos maisons vides. Si par exemple, le Taureau domine votre maison 8, vous devriez alors vous tourner vers la planète du Taureau, Vénus, pour interpréter les questions liées à votre maison 8.

Lectures conseillées

Voici une liste de mes livres d'astrologie préférés à l'usage des débutants. Ils sont tous de vraies références en la matière. Quand on parle d'astrologie, mieux vaut s'assurer de lire un ouvrage avec une bonne réputation pour ne pas prendre de mauvaises habitudes ou adopter d'étranges idées. Tous ces livres ont été jugés plus que valables et ont servi de support à ce que vous avez appris dans ce livre, d'une façon ou d'une autre.

Ouvrages traduits en français :

Le Ciel intérieur, Steven Forrest (Seven Paws Press)

Les Principes de l'astrologie, C.E.O. Carter (American Federation of Astrologers)

Pratique d'interprétation du thème astral, Stephen Arroyo (CRCS Publications)

Quelques titres supplémentaires pour les lecteurs anglophones :

Aspects in Astrology, Sue Tompkins (Destiny Books)

Healing Pluto Problems, Donna Cunningham (Red Wheel/Weiser Books)

Key Words for Astrology, Anna Haebler and Hajo Banzhaf (Weiser Books)

Making the Gods Work for You, Caroline W. Casey (Harmony)

Planets In Transit, Robert Hand (Whitford Press)

Predictive Astrology: The Eagle and the Lark, Bernadette Brady (Weiser Books)

Spiritual Astrology: A Path to Divine Awakening, Jan Spiller (Touchstone)

Star Crossed, Kim Farnell (lulu.com)

The Astrology Sourcebook, Shirley Soffer (Shirley I. Soffer)

The Changing Sky, Steven Forrest (Seven Paws Press)

The Gods of Change, Howard Sasportas (Penguin Books)

The Rulership Book, Rex E. Bills (American Federation of Astrologers)

The Twelve Houses, Howard Sasportas (LSA/Flare)

Consultez également mon site theastrologybook.com pour plus de ressources pour vous accompagner dans votre voyage astrologique.

Remerciements

Je souhaiterais remercier toutes les personnes qui m'ont aidée (jusqu'à présent) dans mon voyage astrologique, mais elles sont si nombreuses que toutes les citer demanderait la rédaction d'un chapitre en soi. Je vais donc limiter mes remerciements à celles et ceux qui ont fait une vraie différence dans l'élaboration de ce livre.

Un immense merci à ma camarade astrologue Michelle Pilley et à ma camarade d'étude Amy Kiberd (oui, je suis astrologue, mais j'étudie encore l'astrologie !), pour m'avoir commandé ce livre.

Un grand merci également à Debra Wolter, qui ne fait pas d'astrologie mais qui a réussi à éditer ce livre, et notamment à sa méticuleuse Mercure en Vierge ! Merci également à mes astroéditrices si talentueuses, Kelly Surtees et Kim Farnell, qui ont revu mon manuscrit du tout début à la toute fin du processus d'écriture et d'édition. Elles m'ont toutes les deux encouragée et ont apporté une riche contribution à cet ouvrage par leurs brillants commentaires.

Enfin, je voudrais remercier Julie Oughton et Moira Boland pour leur relecture affûtée du manuscrit final.

L'AUTEURE

Passionnée d'écriture et d'astrologie, Yasmin Boland commence sa carrière en tant que journaliste indépendante. À la suite d'une série d'événements cosmiques, elle a fait de ses deux passions son métier et est devenue, aujourd'hui, l'une des auteures de l'astrologie les plus lues de la planète, ses chroniques étant publiées dans le monde entier.

Elle aime tout ce qui touche à l'astrologie, mais s'intéresse plus particulièrement à la Lune, notamment à la nouvelle lune et à la pleine lune. Elle publie quotidiennement des messages lunaires sur son site yasminboland.com, ainsi que des horoscopes hebdomadaires, mensuels et annuels, et voit sa communauté Facebook grandir de jour en jour. Parmi les œuvres de Yasmin parues en français, on compte *La Lunologie : comment déployer la magie des cycles lunaires*, *La Lunologie : cartes oracles*, les agendas annuels *Lunologie* et *Mercure rétrograde : guide pratique pour transformer le chaos à votre avantage*. Yasmin est née en Allemagne, a grandi en Tasmanie et a vécu en Australie, en France et en Angleterre.

yasminboland
yasminbolandsmoonology

@yasminboland

@moonologydotcom

www.moonology.com

Achevé d'imprimer en août 2021
sur les presses de la Nouvelle Imprimerie Laballery
58500 Clamecy
Dépôt légal : août 2021
Numéro d'impression : 108190

Imprimé en France

La Nouvelle Imprimerie Laballery est titulaire de la marque Imprim'Vert®